Die schönsten Wege

Leichte Wanderungen Schwäbische Alb

50 Touren auf der West- und Ostalb

J. BERG

Inhalt

Mittlere Alb – von Metzingen bis ins Große Lautertal

Im westlichen Teil der Ostalb

Ostalb – ganz im Osten

Tourenüberblick

		Tour	Länge in km	Höhenunterschied in m	Gehzeit in Std.	Einkehr	kindergeeignet	Sehenswürdigkeit	wintergeeignet	viel Sonne	eher schattig	Bademöglichkeit	öffentliche Verkehrsmittel
1	● (Leicht)	Breitenbachsee bei Reutlingen	5,9	90	1.30	●	●		●		●		●
2	● (Leicht)	Urselhochberg bei Pfullingen	4,3	70	1.15	●	●		●	●	●		
3	● (Leicht)	Gomardingen	4,3	100	1.15	●	●		●	●	●		●
4	● (Schwer)	Nebelhöhle und Gefrorene Unterhose	8,1	250	2.30	●	●	●			●		●
5	● (Mittel)	Roßbergturm	8,2	130	2.30	●	●	●	●	●	●		
6	● (Mittel)	Nebelhöhle und Schloss Lichtenstein	10,9	220	3.30	●	●	●	●	●	●		
7	● (Mittel)	Salmendinger Kapelle	9,4	170	2.30		●	●	●	●	●		
8	● (Leicht)	Neuban bei Mägerkingen	5,9	70	1.40	●	●			●			●
9	● (Mittel)	Trochtelfingen	9,7	140	2.40	●	●	●	●	●			●
10	● (Leicht)	Wintermärchen Raichberg	7,5	270	2.30	●	●	●	●	●			●
11	● (Mittel)	Zollernblick vom Raichberg	6	200	2	●	●	●		●			
12	● (Leicht)	Tiergehege Meßstetten	6,3	80	1.45	●	●	●	●	●			●
13	● (Mittel)	Von Beuron zum Knopfmacherfelsen	8,8	200	2.30	●	●	●		●			●
14	● (Leicht)	Inzigkofen	5,1	100	1.30	●	●	●	●		●		●
15	● (Leicht)	Freilichtmuseum Beuren	5,9	80	1.30	●	●	●	●	●		●	●
16	● (Mittel)	Torfmoor und Randecker Maar	8,3	100	2.10	●	●	●	●	●			●
17	● (Mittel)	Erkenbrechtsweiler: Felsen und Heidengraben	7,7	280	2.30	●	●	●	●	●	●		●
18	● (Mittel)	Zum Hohenneuffen	4,7/ 7,5	70/ 130	1.30/ 2.30	●	●	●	●	●	●		●
19	● (Mittel)	Vom Bahnhöfle zum Heimenstein	6,4	130	1.45		●	●			●		
20	● (Mittel)	Uracher Höllenlöcher bei Hülben	7,9	150	2.10	●	●	●	●		●		●
21	● (Mittel)	Uracher Wasserfall und Burgruine	5,8	240	2	●	●	●			●		●

● Leicht
● Mittel
● Schwer

Länge in km
Höhenunterschied in m
Gehzeit in Std.

Einkehr
kindergeeignet
Sehenswürdigkeit
wintergeeignet

viel Sonne
eher schattig
Bademöglichkeitl
öffentliche Verkehrsmitte

Tour												
22	Hohenwittlingen und Sirchinger Wasserfall	9,5	300	3	•	•	•			•		•
23	Truppenübungsplatz in Trailfingen	13,8	170	3.40		•	•	•	•			•
24	Über den Beutenlay	4	80	1.30	•	•		•	•			•
25	Von Buttenhausen zur Ruine Bichishausen	11,3	190	3.10	•	•	•		•			•
26	Bei Gundelfingen	4	125	1.30	•	•			•			•
27	Zwiefalten und Wimsener Höhle	9,8	230	2.50	•	•	•		•	•		•
28	Muckensee und Wäscherschlössle	9,7	210	2.50	•	•	•		•			•
29	Messelstein bei Donzdorf	3,8	80	1	•	•		•	•			
30	Aussicht vom Tegelberg	9,8	120	2.40	•	•			•	•		
31	Ruine Helfenstein und Eybtal	8,3	250	2.30	•	•	•			•		•
32	Ostlandkreuz über Geislingen an der Steige	7,4	140	2	•	•			•	•		
33	Rund um den Michelsberg	9,8	200	2.45	•	•			•			•
34	Natur bei Bad Überkingen	5,2	150	1.30	•	•	•	•	•	•		•
35	Ave Maria zur Buschelkapelle	6,9	300	2.20	•	•	•			•		•
36	Albtrauf über Bad Ditzenbach	4,5	40	1.15	•	•				•		
37	Zur Ruine Hiltenburg	5,7	190	1.45	•	•	•			•		•
38	Tierstein und Badfels	5,6	70	1.30		•				•		
39	Von Wiesensteig zum Filsursprung	8,6	110	2.20	•	•	•	•	•	•		•
40	Laichinger Tiefenhöhle	9,2	110	2.30	•	•	•	•	•			•
41	Blaubeuren und Rusenschloss	6,3	120	1.50	•	•	•	•	•			•
42	Um und auf den Ipf	6,1	170	1.50	•	•	•		•			•
43	Zur Kapfenburg	8,8	80	2.20	•	•	•	•		•		•
44	Burg Katzenstein und Härtsfeldsee	10,5	130	2.50	•	•	•	•	•		•	•
45	Franz-Keller-Haus und Reiterleskapelle	9,1	330	2.50	•	•	•		•			•
46	Fritz-Vogel-Rundweg bei Gerstetten	6	90	1.40		•				•		•
47	Zum Heldenfinger Kliff	7,4	60	2	•	•	•	•	•			•
48	Die Steinernen Jungfrauen im Eselsburger Tal	8,1	170	2.20	•	•	•	•	•		•	•
49	Im Lonetal	9,2	120	2.30	•	•			•	•	•	•
50	Vogelherdhöhle – Hohlenstein – Bocksteinhöhle	12,8	120	3.20	•	•	•		•	•		•

Vorwort

Liebe Leserin, lieber Leser,

mit diesem Führer erobern Sie eines der schönsten Mittelgebirge Deutschlands, die Schwäbische Alb, die sich quer durch Baden-Württemberg zieht. Sie beginnen mit der Westalb, wo die Berge die Tausendergrenze überschreiten, besuchen den mittleren Teil, der oft eher liebliche Abschnitte zeigt, und erleben den östlichen und nordöstlichen Teil dieses Wandergebietes, das mit manchmal eher karg wirkenden Landschaften für nachhaltige Eindrücke und schöne Erinnerungen sorgt.

Die Wanderungen dieses Buches sind vom Charakter her eher technisch einfach und kürzer gehalten, sodass Sie die Naturschönheiten umso intensiver und ausgiebiger genießen können. Und Sie sehen viel, was die Natur auf »der Alb« bereithält – Aussichten, prächtige Wälder, Weidbäume und andere markante Baummethusaleme, Wacholderheiden, Felsen, Wasserfälle und vieles mehr.

Ein einleitendes Kapitel führt Sie in die Geheimnisse des Wanderns ein, erklärt aber auch manches, was Sie im Text wiederfinden und beantwortet somit die eine oder andere Frage.

Ich wünsche Ihnen wunderschöne, erholsame Wanderungen, allzeit schönes Wetter und viele angenehme Begegnungen.

Dieter Buck

Unten: Der berühmteste Blick auf Schloss Lichtenstein

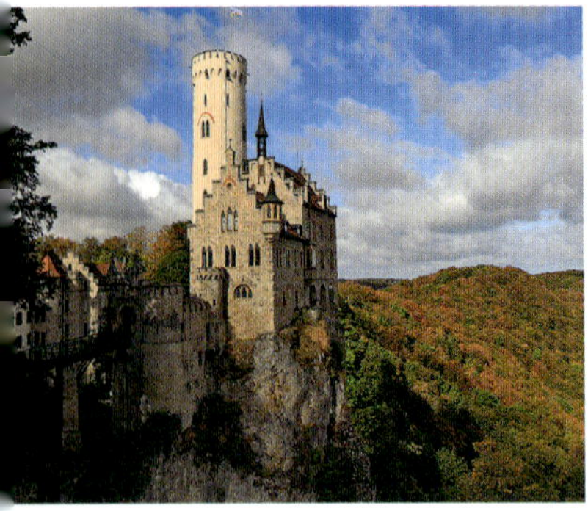

Ganz unten: Blick vom Amalienfelsen auf die Donau bei Inzigkofen

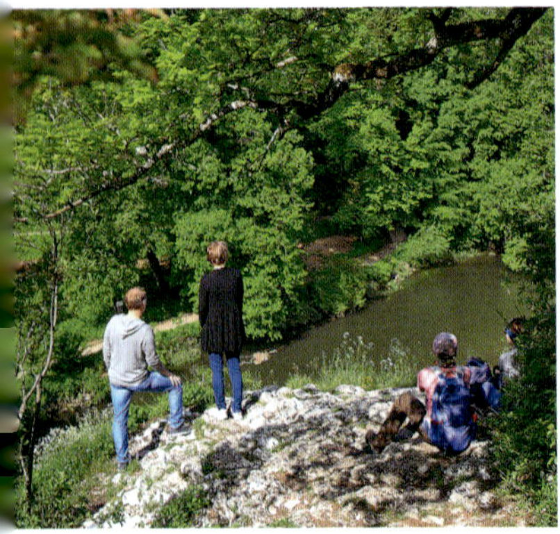

Zum Wandern mit diesem Führer

Ausrüstung

Was brauchen wir für eine Wanderung auf der Schwäbischen Alb? Vorab einmal: eigentlich nichts Besonderes – wandergeeignete Kleidung, die stabil ist, etwas aushält und auch mal schmutzig werden darf. Je nach Jahreszeit sollte sie mehr oder weniger wärmend oder kühlend sein. Wenn ein Anorak wasserdicht oder wasserabweisend ist, umso besser. Textilien, die auf -tex enden, sorgen dafür, dass Regen nicht durchdringt, Schwitzwasser aber nach außen entweichen kann. Sie sind aber teuer. Für den Anfänger oder für Menschen, die eher selten wandern, bieten sich auch preisgünstigere Anoraks an, die man mit einer wasserdichten Überjacke – es gibt auch passende Hosen dazu – kombinieren kann.

Bei Hosen sind Jeans eher ungeeignet, denn Jeansstoff saugt sich schnell mit Wasser voll und trocknet langsam. Besser sind Hosen aus Kunstfasergewebe, das zwar auch nass wird, aber nach dem Regen schnell wieder trocknet.

Da man manchmal auch auf schmalen Pfaden wandert, in die stachelige und dornige Zweige ragen können, ist es empfehlenswert, dass der Hosenstoff fest ist und auch mal einen »Angriff« einer Brombeere aushält. Im Fachhandel findet man ein großes Angebot an wandergeeigneter Kleidung.

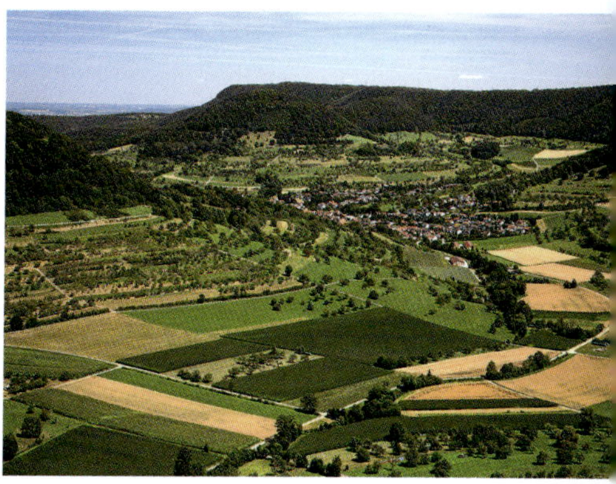

Blick ins Neidlinger Tal

Für besonders wichtig halte ich Schuhe. Sie sollten knöchelhoch und mit einer Sohle versehen sein, mit der man problemlos über Wurzeln und Steine steigen kann. Sind sie wasserdicht, umso besser. Dann kann man einfach durch Pfützen oder einen flachen Bach gehen, ohne diese mühselig umgehen zu müssen. Bei Schuhen sollte man vor allem an Kinder denken. Unbezahlbar ist beim Schuhkauf die Beratung durch geschultes Personal in einem gut sortierten Fachgeschäft.

Für nützlich halte ich Teleskopwanderstöcke, insbesondere auf wackeligen Pfaden, an Steilstücken oder sonst gefährlichen Strecken und im Winter. Sie bieten grundsätzlich einen guten Halt, vermeiden oft Stolperer, vereinfachen einen Aufstieg, weil man einen Teil der Kraft auf die Arme verlagert und entlasten beim Bergabgehen die Kniegelenke, die sonst übermäßig belastet und gefordert werden.

Nicht ganz so wichtig, aber »nice to have« sind verschiedene Kleinigkeiten wie ein Taschenmesser, eine Schnur oder eine Tüte für den Abfall, aber auch zum Sammeln irgendwelcher Fundstücke – vor allem wenn man Kinder dabeihat.

Essen, Trinken und Pflaster

Grundsätzlich sollte man, wenn man nicht nur eine ganz kurze Tour unternimmt, auch an Verpflegung denken. Etwas zu trinken dabeizuhaben ist vor allem an heißen Sommertagen immer empfehlenswert. Essen ist nicht ganz so wichtig, vor allem bei kurzen Touren nicht – es ist noch niemand verhungert, der mal ein paar Stunden nichts gegessen hat. Aber wenn man immer ein paar Nüsse etc. dabeihat, wiegt das nicht schwer, beruhigt und erfreut immer.

Verletzungen sind immer möglich. Gegen Risse, Kratzer u. Ä. sind ein paar Pflaster im Rucksack, vielleicht

kombiniert mit einem Desinfektionsmittel, nützlich. Schlimmer ist es aber, wenn man sich einen Fuß übertreten hat. Hat man eine elastische Binde dabei, kann man evtl. noch den Weg zurück zum Ausgangspunkt schaffen.
Immer wieder kommen auch Insektenstiche vor. Hierzu gibt es Geräte, mit denen man den Stachel oder das Gift entfernen kann sowie Salben, um den Juckreiz zu mildern. Lassen Sie sich dazu in Ihrer Apotheke beraten.

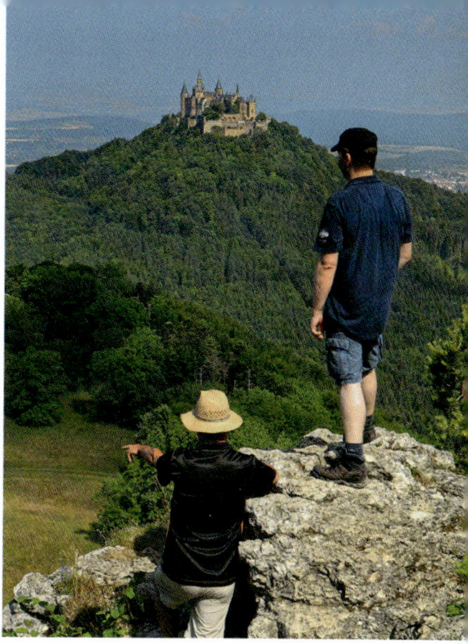

Vom Zeller Horn hat man den wohl bekanntesten Blick auf die Burg Hohenzollern.

Einstufung der Touren

Man darf die auch in diesem Buch vorgenommene Einstufung in leicht, mittel und schwer für die Touren nicht mit der gleichen Einordnung für alpine Unternehmungen vergleichen. Nach deren Kategorien sind alle hier beschriebenen Touren leicht. Als leicht wurden in diesem Buch solche Touren klassifiziert, die wirklich einfach sind: relativ kurz und ohne oder mit ganz wenig Höhenunterschied. Auch der Weg muss hierbei gut zu gehen sein. Ist die Wanderung etwas länger oder bringt doch einen mäßigen Höhenunterschied mit sich, wurde sie als mittel eingestuft. Als schwer eingeordnet sind die wirklich langen Touren mit den größten Höhenunterschieden, zudem wenn sie auf eher schwierig zu gehenden Pfaden verlaufen.

Sicherheit auf der Wanderung

Gut ist es immer, wenn man seine eigene Leistungsfähigkeit kritisch einschätzt – und die der Mitwanderer natürlich! Also heißt es überlegen: Schafft man die angegebene Strecke und die Höhenmeter oder nicht?

Man sollte immer auch bedenken, dass man an heißen Sommertagen schneller an die Grenzen seiner Leistungsfähigkeit kommt als an kühleren Tagen. Auf jeden Fall sollte man immer genügend zu trinken und etwas zu essen dabeihaben.

Es passiert leider oft schnell etwas, und wenn es auch »nur« ein verknackster Fuß ist, kommt man oft nicht mehr weiter. Gut ist es immer, wenn man mindestens zu zweit unterwegs ist. Dadurch kann im Unglücksfall immer einer Hilfe holen. Bei mehr als zwei Personen kann auch immer einer bei der verletzten Person bleiben – alleine lassen sollte man einen Verletzten wirklich nur, wenn es nicht anders geht. Alleinwanderer sollten immer hinterlassen wo und wie lange sie unterwegs sein werden.

Hilfe herbeirufen kann man mit dem Handy, das heute wohl jeder dabeihat. Wobei der Empfang in manchen Tälern, auf den Höhen oder in einsamen Gegenden schlecht sein kann. Lässt sich die Notrufnummer 112 nicht wählen, sollte man das Handy ausschalten und beim Wiedereinschalten, anstatt sich in sein eigenes Netz einzuwählen, gleich 112 eintippen. Mit etwas Glück sucht sich das Gerät das nächste verfügbare Netz. Oft nützt auch ein Standortwechsel.

Nach dem Anstieg: Rast an der Wasserfallhütte oberhalb des Uracher Wasserfalles

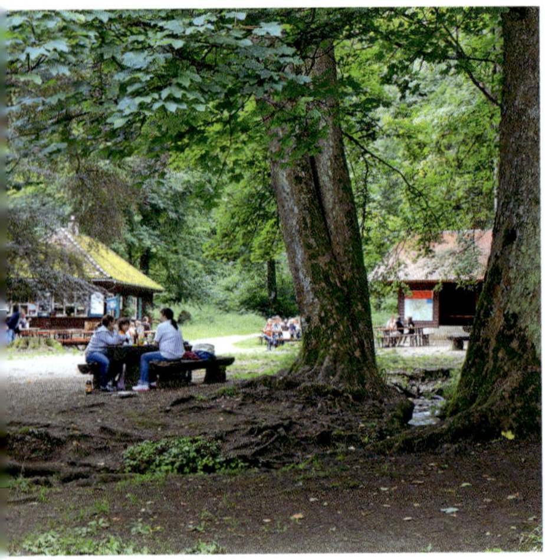

Tiere und andere Gefahren

Es gibt ein paar Tiere, vor denen man auf Wanderungen Respekt haben sollte. Das sind zuerst einmal die Zecken. Die Schwäbische Alb ist zwar nicht als ausgesprochenes Zeckengebiet bekannt, aber es ist trotzdem nicht schlecht, wenn man seinen Körper nach einer Wanderung auf Zecken absucht. Ein Zeckenbiss kann schwere Komplikationen verursachen, von Hirnhautentzündung bis hin zur Borreliose. Vermeiden kann man dies durch geschlossene Kleidung und indem man die Hosenbeine in die Schuhe stopft.

Auf der Schwäbischen Alb besteht eher die Gefahr, die vom Fuchsbandwurm ausgeht. Dieser Parasit kann auch Menschen befallen. Um dies zu vermeiden, sollte man im Wald keine Beeren essen, zumindest keine, die in Bodennähe wachsen. Hat man unterwegs die Möglichkeit, die Hände zu waschen, sollte man dies tun, spätestens aber daheim.

Eine weitere Gefahr ist das Hantavirus. Er wird durch Rötelmäuse bzw. deren Ausscheidungen übertragen. Wenn man beim Wandern zum Beispiel trockenes Laub aufwirbelt, kann man den Erreger einatmen.

Tetanus (Wundstarrkrampf) oder Blutvergiftung (Sepsis) kann man sich auch beim Wandern zuziehen. Dagegen ist man aber meist geimpft. Auch eine Blutvergiftung kann man durch eine Verletzung bekommen. Lassen Sie sich hierzu von Ihrem Arzt beraten.

Es droht seit einigen Jahren aber noch eine andere Gefahr: Waldbrände, die durch die zunehmende Regenarmut und Trockenheit begünstigt werden. Man sollte daher die behördlichen Grillverbote streng beachten und zwar nicht nur im Sommer – auch in den anderen Jahreszeiten können die Wälder sehr trocken und damit brandgefährdet sein.

Mit Kindern wandern

Besonders schön, erlebnisreich und von bleibender Erinnerung können Wanderungen mit Kindern sein. Damit es so ist, sollte man aber ein paar Dinge beachten. Kinder sind ja grundsätzlich gerne in der Natur, denn hier gibt es immer viel zu sehen, zu beobachten und zu spielen. Man sollte die Strecke aber auf das kindliche Leistungsvermögen abstimmen, immer genügend zu essen und zu trinken dabeihaben und sich vor allem auf das Bedürfnis und die Wünsche der Kinder konzentrieren. Eigenen Ehrgeiz sollte man dabei eher zurückstellen.

Bestimmen von Bäumen, Blumen und Tieren

Es ist ganz nützlich, wenn man das, was man um sich herum sieht, auch erkennen und bestimmen kann: Bäume, Blumen, Tiere. Das interessiert auch Kinder. Neben vielen Büchern – fragen Sie hierzu am besten Ihren Buchhändler – gibt es dazu auch zahlreiche Apps. Wer sich für Vögel interessiert, kann sie nicht nur anhand von Büchern bestimmen: Es gibt auch Apps, in denen Vogelstimmen zu hören sind, außerdem gibt es Bücher, bei denen man mithilfe eines Sticks Vogelstimmen erklingen lassen kann.

Anfahrt

Bei jeder Tour ist sowohl der passende Parkplatz aufgeführt, aber auch, wie man umweltfreundlich mit öffentlichen Verkehrsmitteln, mit Bus und Bahn, zum Ausgangspunkt kommt. Oft verlängert sich die Wanderung durch die Strecke vom Bahnhof oder der Bushaltestelle jedoch ein wenig. Auskunft über die Verbindungen und Fahrpläne erhält man unter www.efa-bw.de, in manchen Bereichen dieses Buches aber auch unter www.naldo.de und www.vvs.de.

Orientierung ist wichtig

Das Landesamt für Geoinformation und Landentwicklung Baden-Württemberg (LGL) hat die Herausgabe seiner beliebten Wanderkarten im Format 1:35 000 beendet. Seit einigen Jahren gibt es Wanderkarten im Format 1:25 000, die in Zusammenarbeit mit dem Schwäbischen Albverein e.V. erscheinen. Diese sind allerdings noch nicht für alle Gebiete verfügbar. Sollten für eine Wanderung die neuen Karten noch nicht vorliegen, wurden in diesem Buch die Freizeitkarten im Maßstab 1:50 000 angegeben. Diese sind allerdings zum Wandern nicht sonderlich geeignet. Es empfiehlt sich deshalb, dass Sie für diese Touren bei Ihrem Buchhändler nachfragen, ob es bereits neue Karten für das Gebiet der jeweiligen Wanderung gibt. Wo vorhanden, wurden zusätzlich die ebenfalls gut geeigneten NaturNavi-Karten, auch im Maßstab 1:25 000, empfohlen.

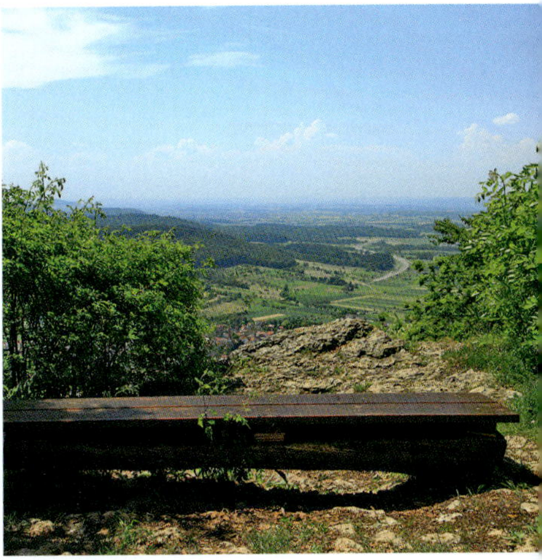

Blick vom Tegelberg

Ratsam ist es auch, sich auf dem Smartphone geeignete Apps zur Navigation zu installieren. Wer sich die hinterlegten Tracks herunterladen möchte, braucht sie ohnehin. Hier sollte man aber darauf achten, dass man sich aus den jeweiligen Stores solche Touren herunterlädt, die danach keine Internetverbindung benötigen – die ist weit weg von Siedlungen oder in Schluchten sehr oft nicht vorhanden.

Bewährt haben sich für mich die Apps MAPS.ME und PhoneMaps. Sie zeigen auch ohne Netz meist zuverlässig an, wo man sich befindet. Oft zeigen sie auch Wege an, die auf Karten nicht verzeichnet sind. Zudem können die Karten am Gerät vergrößert werden. Auch Komoot – mit dem die hinterlegten Tracks erstellt und die Tourdaten errechnet wurden – benötigt unterwegs kein Netz und hat sich gut bewährt.

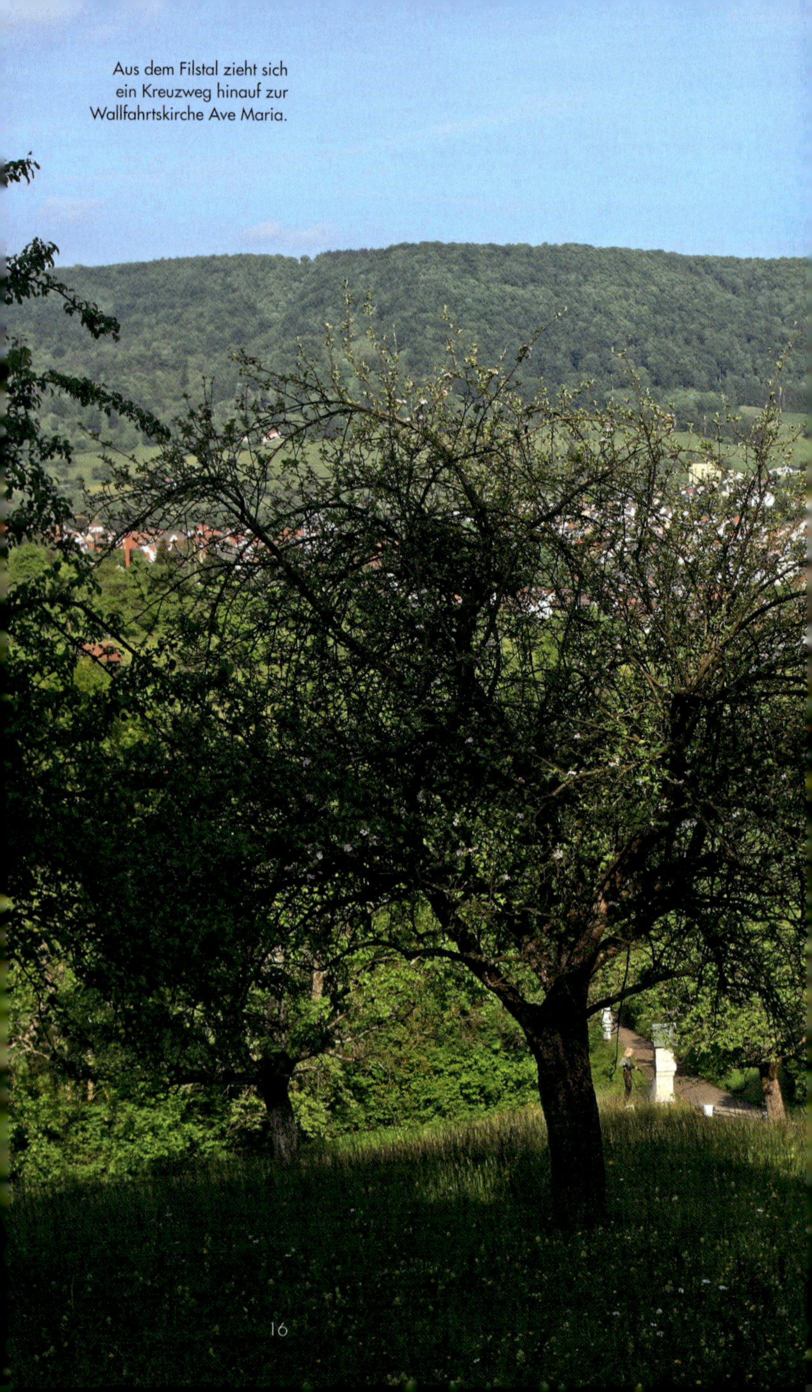

Aus dem Filstal zieht sich ein Kreuzweg hinauf zur Wallfahrtskirche Ave Maria.

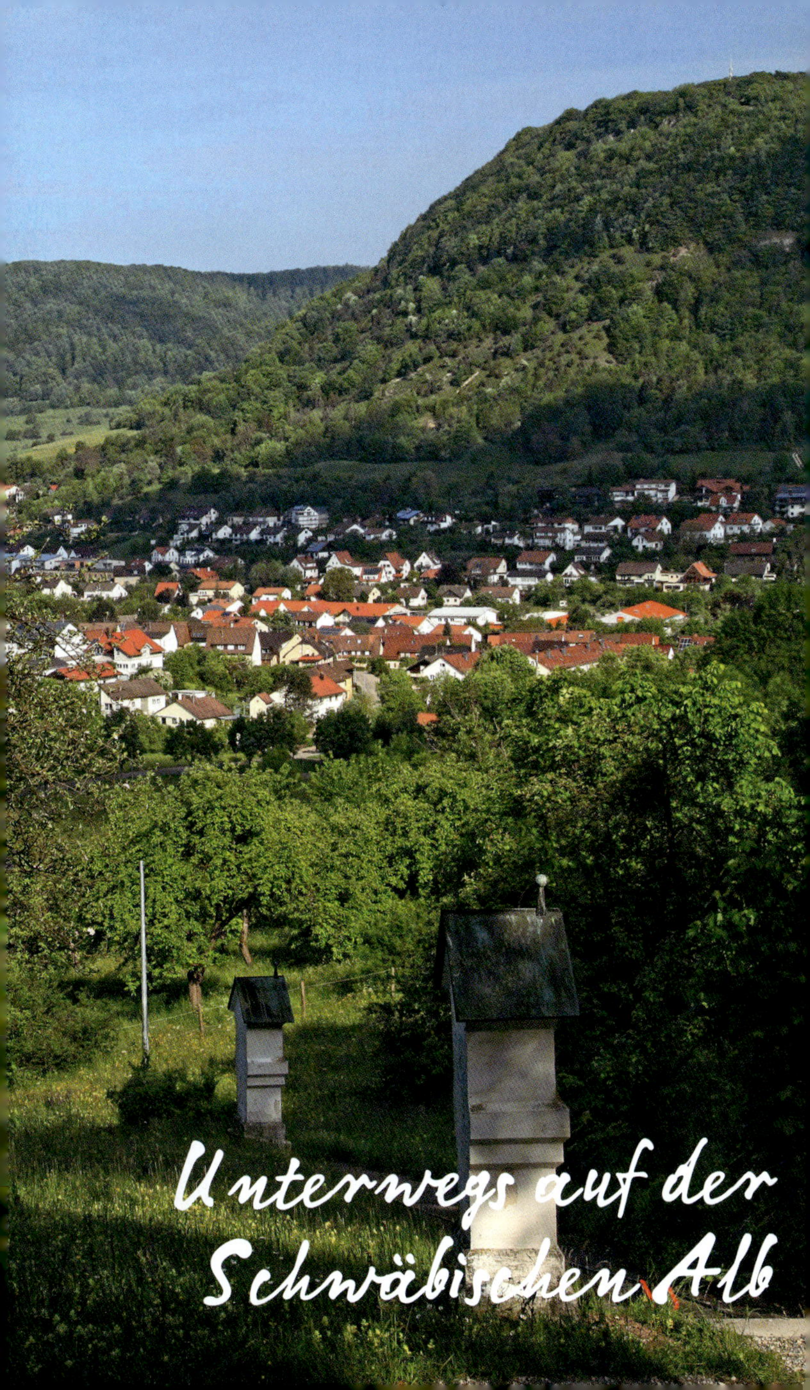

Unterwegs auf der Schwäbischen Alb

1 Viel Natur am Rand von Reutlingen

Bäche und Seeidylle

Leicht | 5,9 km | 90 Hm | 1.30 Std.

Tourencharakter: Premiumspazierwanderweg vorwiegend auf unbefestigten Wegen, aber auch auf festen Forstwegen

Ausgangs-/Endpunkt: Reutlingen, Parkplatz Rosswasen (407 m)

Höchster Punkt: Schild nördlich Hohlichterrain (458 m)

Anfahrt: Auto: B 27 und B 464 nach Reutlingen. Durch die Stadt hindurch und in der Alteburgstraße, bis es nach der Stadt rechts abgeht zum Parkplatz Hochschulen, dann neben der Straße, bis man diese queren kann. GPS 48.474210, 9.178680. Ausweichparkplätze befinden sich beim Naturtheater und direkt am Breitenbachsee. Bus & Bahn: Bahn bis Reutlingen, Bus bis Reutlingen Markwasen.

Einkehr: Restaurant Schützenhaus

Karten: Freizeitkarte F 523 Tübingen Reutlingen, 1:25 000 (LGL); Wanderkarte mit Radwegen Reutlingen Bad Urach, Blatt 52-538, 1:25 000 (NaturNavi)

Informationen: www.hochgehberge.de, www.reutlingen.de

Wir wandern durch ein trotz der Stadtnähe recht urtümliches Waldgebiet, das mit viel Totholz interessante Waldszenen bietet, kommen an einigen Tümpeln und Bächen vorbei und können den Tag am idyllischen Breitenbachsee ausklingen lassen.

Am Parkplatz Rosswasen (396 m) folgen wir dem Weg, der anschließend links des Waldes weiterführt. Dabei kommen wir auch an einigen idyllischen Tümpeln vorbei, die mit Schilf bewachsen sind und, je nach Wetter, mehr oder weniger Wasser führen.

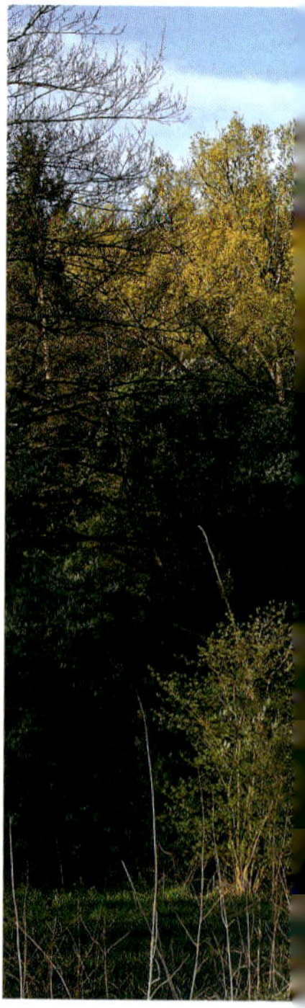

Wo vor uns der Wald beginnt, biegen wir links ab. Vorbei an Sportplätzen kommen wir zum Parkplatz Nord am Naturtheater (401 m). Hier biegen wir rechts ab und wandern auf dem Naturweg rechts des Sträßchens bis zum nächsten Parkplatz. Vor ihm steht das Schild »Am Naturtheater (403 m)«, auf seiner gegenüberliegenden Seite das Schild »Parkplatz Süd am Naturtheater (404 m)«. Hier folgen wir einem Pfad hinauf zu einer Kreuzung mit dem Schild »südlich Naturtheater (416 m)«.

Wir gehen auf dem zweiten Weg von links weiter in Richtung

»Schützenhaus«. Bald überqueren wir einen breiten Weg, danach kommen wir zum Zaun des ersten Geheges, in dem man vielleicht Schafe sehen kann. Wir wandern rechts des Zaunes weiter bis zu einer Straße. Gegenüber liegt das Wildgehege Markwasen mit Damwild. Man sollte auch die prächtigen, uralten Eichen in den beiden Gehegen beachten. Rechts ginge es zum Schützenhaus, wir biegen aber links ab.

Am Ende der eingezäunten Gehege geht es zur Bushaltestelle Markwasen;

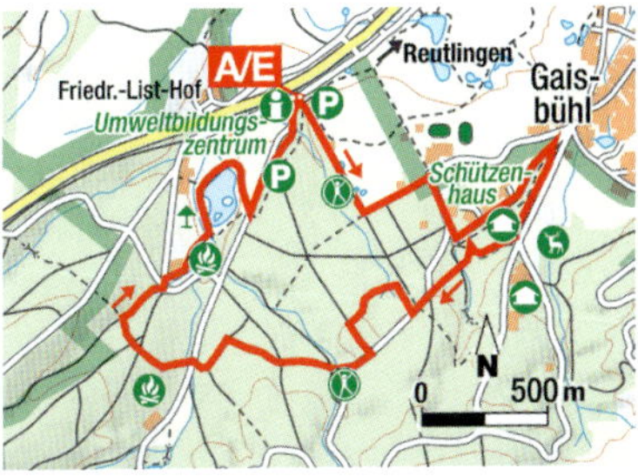

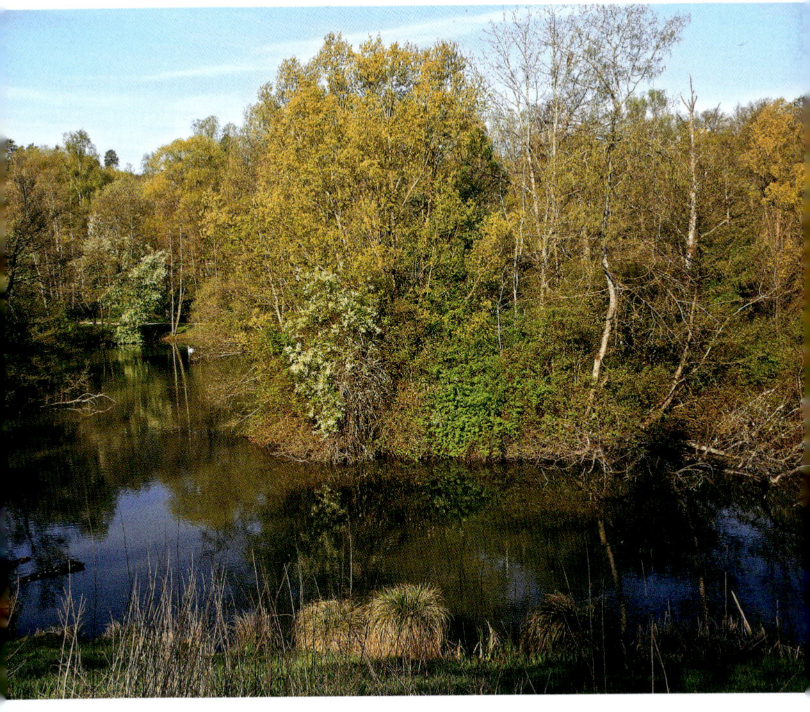

Idylle am Breitenbachsee

von dort kommen diejenigen Wanderer, die mit öffentlichen Verkehrsmitteln angefahren sind und ab hier wandern. Nun biegen wir am Wanderschild zum Markwasen-Wildgehege (423 m) links ab, kurz darauf am Schild beim Markwasen (413 m) noch einmal links. Entlang des Zaunes des ersten Geheges, dann über den bekannten festen Weg und vorbei am Carlo-Schmid-Haus kommen wir zurück zur Kreuzung mit dem Schild »südlich Naturtheater (416 m)«.

Nun wandern wir geradeaus weiter. Es geht hinab zu einem Bach, danach wieder hinauf. Bald überqueren wir einen Forstweg und erreichen gleich danach das Schild »südöstlich Mark (440 m)«. Hier werden wir nach rechts verwiesen. Es geht hinab zu einer Trimm-dich-Station, wo wir links abbiegen. Wir wandern abwärts zu einem Bach, an der Verzweigung dahinter steigen wir auf dem linken Weg wieder hinauf. Am nächsten Querweg halten wir uns links, am darauffolgenden noch einmal und kommen zum Schild »nördlich Hohlichterrain (441 m)«.

Hier orientieren wir uns rechts, zweigen aber gleich darauf rechts ab auf einen Pfad. Nun geht es hinab zur Teufelsklinge. Nach dem zweiten querenden Weg geht es bergab. Dem nächsten Querweg folgen wir nach links. Er zieht bald wieder nach rechts und bringt uns zu einem breiten Weg mit dem Schild »Am Breitenbach (406 m)«. Wir überqueren den Bach, gehen geradeaus weiter, überqueren zwei Wege und kommen zum Schild nach Gugel Nord (441 m). Wir wandern weiter geradeaus und hinab zu einem breiten Querweg. Ihm folgen wir nach rechts.

Nach einer Kreuzung werden wir beim Schild »Grillstelle Jungviehweide West (407 m)« nach links verwiesen. An dem Pavillon mit der Grillstelle folgen wir dem nach rechts ziehenden Weg, der zwischen Feldern und Wiesen verläuft.

Am Schild Breitenbachsee Süd (395 m) stehen wir vor dem Breitenbachsee. Wir orientieren uns links und umrunden das idyllische Gewässer. Auf der anderen Seite des Sees steht hinter der Straße vor einem Parkplatz das Schild »Parkplatz am Breitenbachsee (409 m)«. Wir gehen durch diesen Parkplatz hindurch und wandern durch den Wald. An der Verzweigung nach einem Bach halten wir uns links und kommen zurück zum Ausgangspunkt.

Am Breitenbachsee: Am Schluss der Tour hat man eine gemütliche Rast verdient.

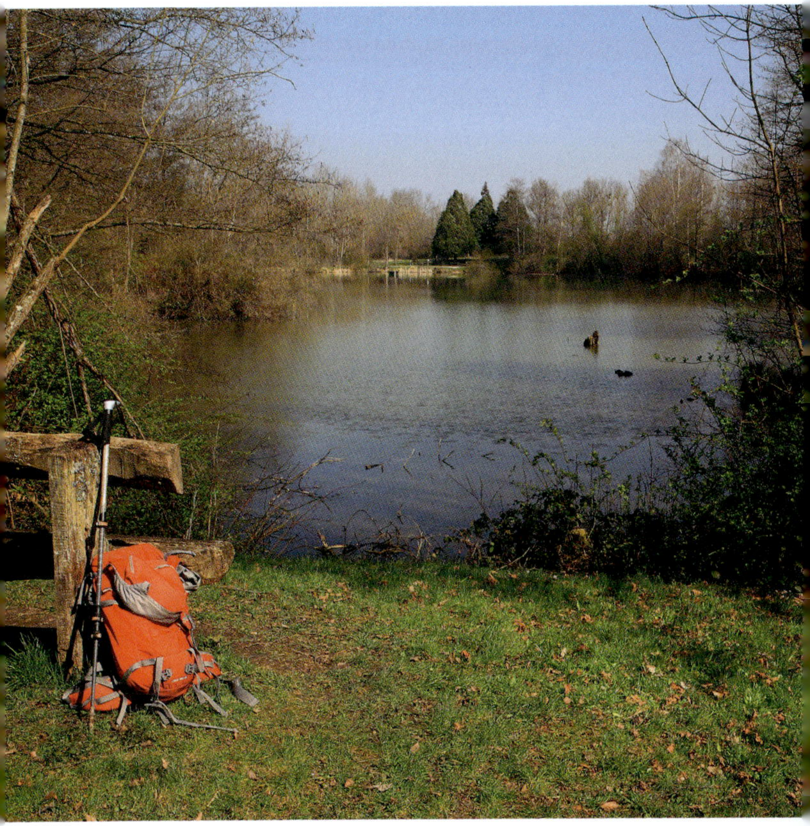

2 Rund um den Urselhochberg

Landschaft mit fast alpinen Eindrücken

Leicht | 4,3 km | 70 Hm | 1.15 Std.

Tourencharakter: Wir wandern auf festen Wegen.

Ausgangs-/Endpunkt: Pfullingen, Urselhochberg, Parkplatz vor der Elisenhütte (676 m)

Höchster Punkt: Kurz bevor man rechts abbiegt (718 m)

Anfahrt: Auto: B 27 und B 312 bis Metzingen, dann B 313 über Reutlingen nach Pfullingen und in die Stadt hineinfahren. Bei der Stadtkirche der Beschilderung in Richtung Urselberg folgen. GPS 48.451941, 9.261887; Bus & Bahn: Keine Verbindung

Einkehr: Pfullingen

Karte: Wanderkarte W 242 Sonnenbühl, 1:25 000 (LGL und Schwäbischer Albverein e.V.)

Informationen: www.pfullingen.de

Alpine Eindrücke bei Pfullingen? Und das obwohl die hier beschriebene Tour eher einem Spaziergang als einer Wanderung gleicht? Beim Weg durch den Wiesenhang am Abhang des Urselhochberges hoch über Pfullingen bietet sich ein Ausblick wie vielleicht im Allgäu, aber auf die dicht bewaldeten Täler und Höhen der Schwäbischen Alb.

Ein Erlebnis ist bereits die Zufahrt zum Ausgangspunkt: Die Straße schraubt sich mit prächtiger Aussicht auf Reutlingen und Eningen immer höher, bis wir schließlich in den Wald kommen, wo wir bis zur Elisenhütte fahren.

Von dort aus spazieren wir auf dem Sträßchen weiter bis zu einer Linkskurve. An ihrem Beginn zweigen wir mit dem Wanderzeichen blaues Dreieck rechts ab in den Imenbergweg in Richtung Elisenhütte.

Wir bleiben an der Verzweigung auf dem rechten obe-

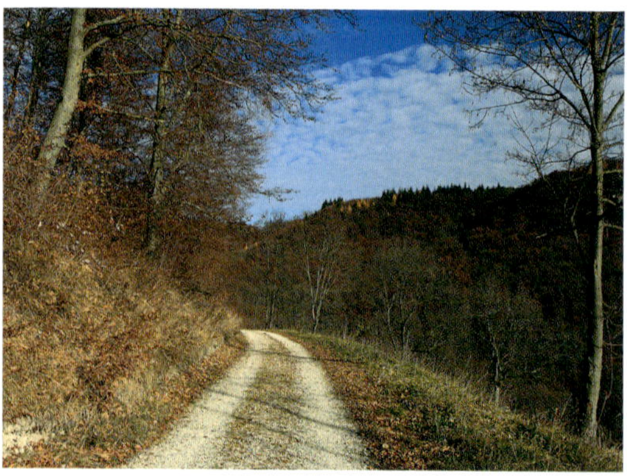

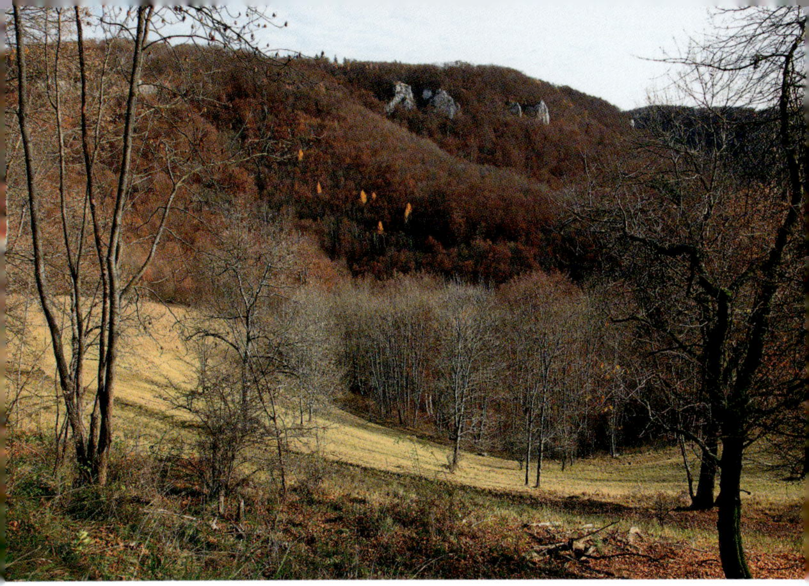

ren Weg, der uns mit herrlichem Blick über die dicht bewaldeten Hänge oberhalb des Zellertales, später auch zum Schönbergturm, zum Imenberger Sättele (660 m) führt. Den hier angezeigten Abstecher zur Ruine Hochbideck können wir uns sparen, weil man von ihr ohnehin nichts sieht. Wir halten uns bei der Verzweigung an den rechten Wollenfelsweg, der uns zurück zur Elisenhütte bringt.

Hinter der sanft geschwungenen Landschaft erheben sich schroffe Felsen aus dem Wald.

Linke Seite: Weg am Imenberg

Imenberg

Im Naturschutzgebiet am Imenberg findet man Wärme liebende Tiere wie die Glattnatter, Heuschrecken, Grashüpfer und Grillen, und im Halbtrockenrasen wachsen bedrohte Pflanzen, davon alleine 14 Orchideenarten wie Fliegen-, Bienen- und Hummelragwurz. Im Frühjahr sieht man Küchenschellen, und es gibt außer dem gefährdeten Kreuz-Enzian noch drei andere Enzianarten.

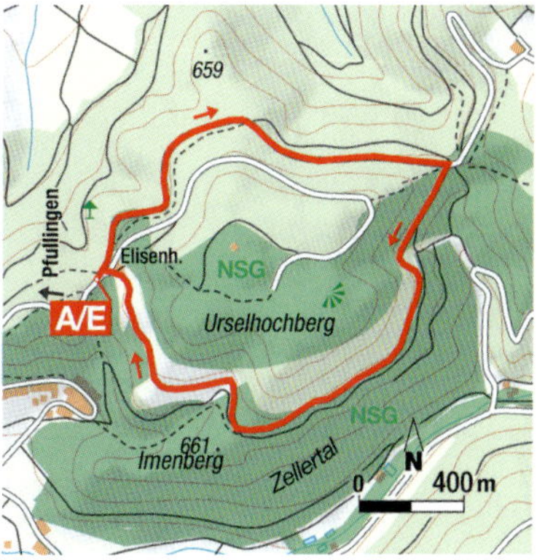

3 Aussichtsreich bei Gomaringen unterwegs

Durch Wald- und Streuobstwiesen

Leicht | 4,3 km | 100 Hm | 1.15 Std.

Tourencharakter: Leichte Tour auf festen Wegen und ohne große Höhenunterschiede. Die Tour kann ganzjährig begangen werden, da diese hauptsächlich auf breiten Forstwegen verläuft.

Ausgangs-/Endpunkt: Gomaringen, Parkplatz Buchbach (441 m)

Höchster Punkt: Nach dem Schild Buchbach (533 m)

Anfahrt: Auto: B 27 bis kurz vor Dußlingen, dann auf der Landstraße nach Gomaringen. GPS 48.444043, 9.106857; Bus & Bahn: Bahn bis Reutlingen, Bus bis Haltestelle Öschinger Straße, dann zu Fuß zum Parkplatz

Einkehr: Gomaringen

Karte: Freizeitkarte F523 Tübingen Reutlingen, 1:50 000 (LGL)

Informationen: www.gomaringen.de

Bei dieser kurzen Tour lernt man die Wälder und Streuobstwiesen um Gomaringen kennen, außerdem kommt man an zwei Aussichtspunkten vorbei, die einen herrlichen Ausblick über Gomaringen nach Tübingen und die Höhen des Schönbuches bieten. Am schönsten ist die Wanderung im Frühjahr zur Zeit der Baumblüte.

Wir gehen vom Parkplatz aus auf dem Zufahrtssträßchen kurz zurück in Richtung Gomaringen. Gleich nach dem Schild »Buchenbach (434 m)« biegen wir links ab und spazieren durch die Streuobstwiesen in den Wald. Dort folgen wir mit dem Wanderzeichen blaues Dreieck dem schmalen Pfad in vielen Windungen neben dem mäandernden Erdmannsbach. Schließlich erreichen wir den Parkplatz Kohlgrube (463 m), wo wir links abbiegen. Wir kommen wieder

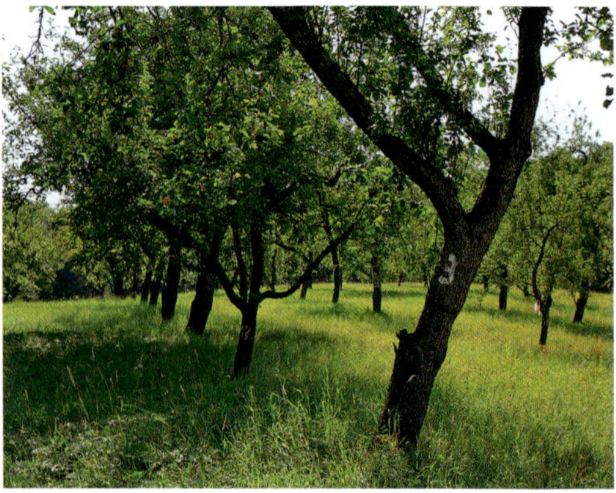

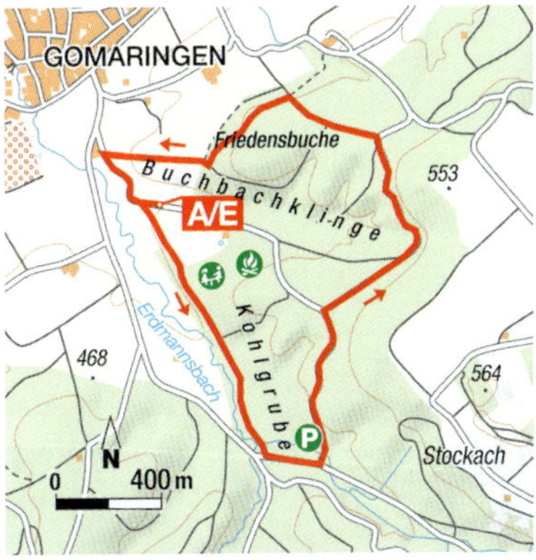

in den Wald, wo wir uns an der nächsten Verzweigung links halten. Nun steigt es immer sanft an.

Am Schild »Buchbach (505 m)« zweigen wir rechts ab in Richtung Schützenhaus. Bald erreichen wir das Schild »Hartwald (514 m)«. Hier biegen wir mit dem Wanderzeichen blaue Raute links ab. Nach einigen Metern bergab sehen wir rechts das Schild »Heckberg (492 m)«. Hier orientieren wir uns links. Etwas später kann man nach rechts hinaus zum Aussichtspunkt Friedensbuche gehen. Hier bietet sich eine Aussicht über einen Bauernhof nach Gomaringen. Ansonsten gehen wir geradeaus weiter bis zu einem querenden Weg. Dort biegen wir mit dem Wanderzeichen rechts ab, verlassen bald den Wald und wandern, wieder mit prächtigem Blick über die Landschaft und auf Gomaringen, hinab zum Schild »Kleintierzüchterheim (430 m)«. Nach links kommen wir in wenigen Minuten zurück zum Ausgangspunkt.

Linke Seite: Dass die Gegend zum Schwäbischen Streuobstparadies gehört, merkt man ihr an.

Blick auf Gomaringen

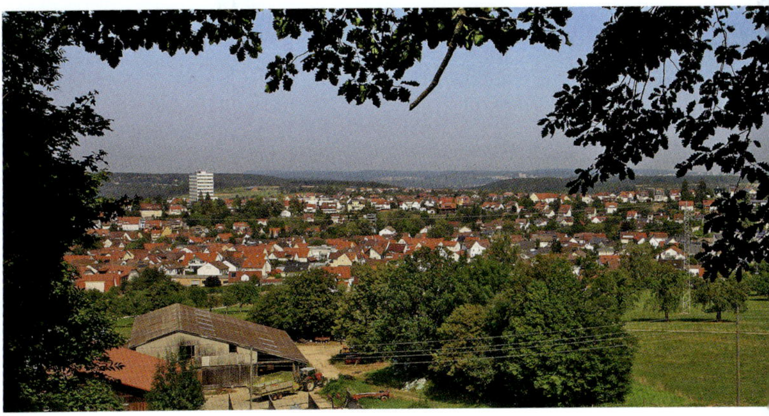

4 Von der Nebelhöhle zur Unterhose

In die Tiefe, auf die Höhe

Schwer 8,1 km | 250 Hm | 2.30 Std.

Tourencharakter: Wir gehen auf festen Waldwegen und auf Pfaden.

Ausgangs-/Endpunkt: Sonnenbühl, Nebelhöhle (830 m)

Höchster Punkt: Parkplatz Nebelhöhle (830 m)

Anfahrt: Auto: B 27 und B 312 bis Metzingen, B 313 bis nach Pfullingen, dann in die Stadt und auf der Stuhlsteige/L 382 bis vor Genkingen, vor der L 230 links ab zur Nebelhöhle. GPS 48.416210, 9.221043. Ein Ausweichparkplatz ist der Wanderparkplatz Wanne unterhalb des Aussichtsturmes. Er ist allerdings über den Winter nicht anfahrbar. Bus & Bahn: Bahn bis Reutlingen, Bus bis Genkingen Haltestelle Ruoffseck und von dort zur Nebelhöhle oder zum Wackerstein wandern.

Einkehr: Nebelhöhle, evtl. Kiosk am Schönbergturm

Karte: Wanderkarte W 242 Sonnenbühl, 1:25 000 (LGL und Schwäbischer Albverein e.V.)

Informationen: www.sonnenbuehl.de, www.pfullingen.de

Auf dieser Wanderung erwarten uns drei typische Alb-Attraktionen: eine Tropfsteinhöhle, der Aussichtsfelsen Wackerstein und der »Gefrorene Unterhose« genannte Aussichtsturm auf dem Schönberg. Auch die Freifläche des Won mit den markanten Bäumen bietet ein typisches Albbild.

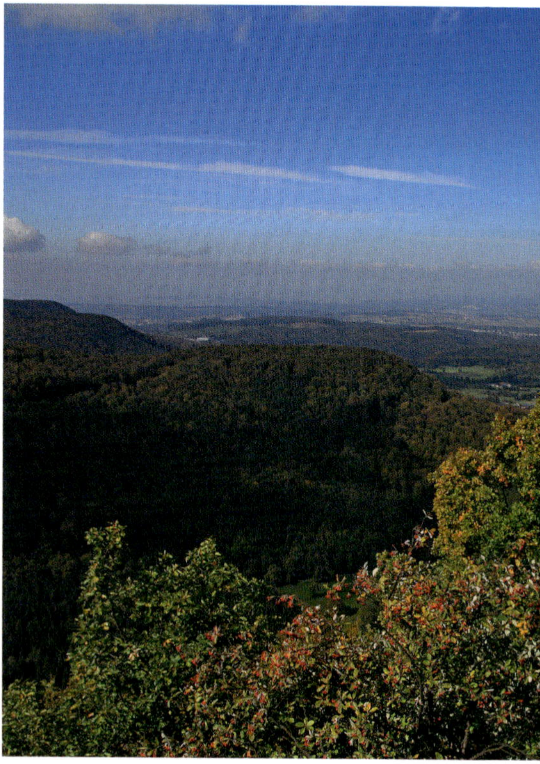

Von der Nebelhöhle oder vom oberhalb liegenden Parkplatz folgen wir dem mit dem blauen Dreieck markierten Weg in Richtung »Won Wackerstein Schönberg«. Nach einem Bergabmarsch durch den Wald kommen wir auf die Freifläche des Won. Hier sehen wir markante alte Kopfweiden, und Bänke laden zur Rast.

Auf einem schönen Wiesenweg kommen wir zum gegenüberliegenden Waldrand. Dort gehen wir zum links liegenden Waldrand, wo wir auf einen ebenfalls markierten Wanderweg treffen. An der folgenden

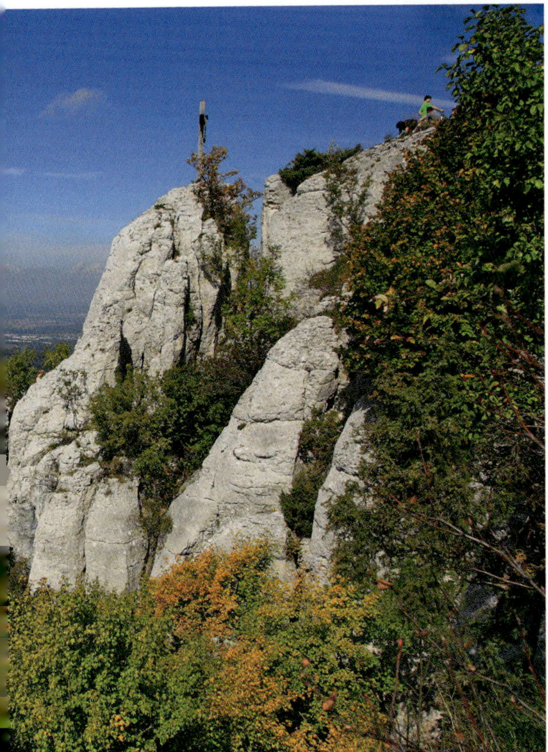

Hinter dem Wackerstein erstreckt sich das flache Albvorland.

Der Wackerstein ist einer der wenigen Berge der Schwäbischen Alb mit einem Gipfelkreuz.

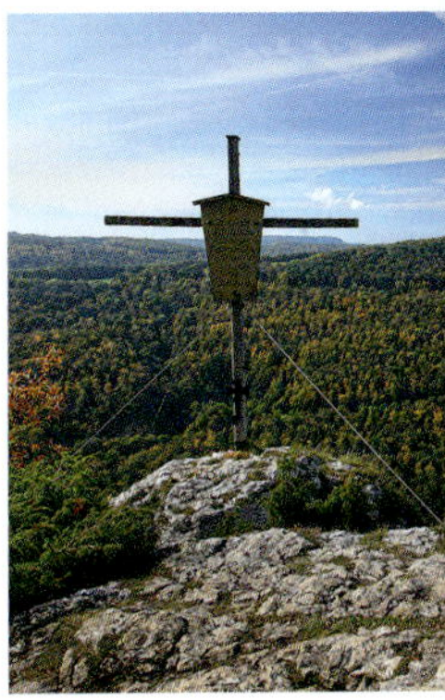

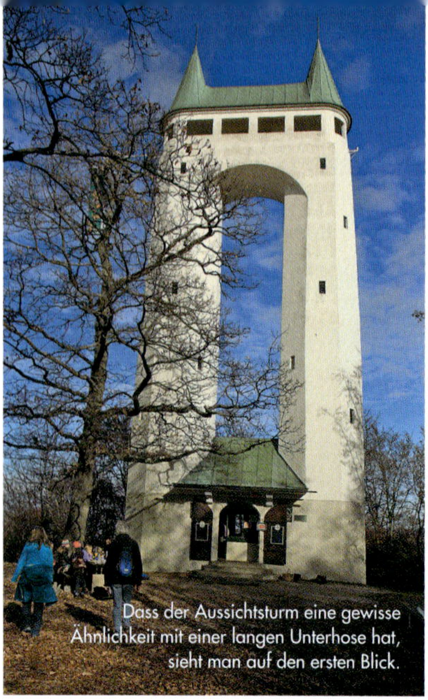

Dass der Aussichtsturm eine gewisse Ähnlichkeit mit einer langen Unterhose hat, sieht man auf den ersten Blick.

Gefrorene Unterhose

Der 28 Meter hohe Schönbergturm (793 m) steht auf einer nahezu ebenen Berghalbinsel und ist wohl einer der eigenartigsten Türme im Land. Das in leuchtendem Weiß verputzte Bauwerk wurde 1905/06 von Theodor Fischer aus Sichtbeton – als erstes Bauwerk seiner Art – erbaut. Er besteht aus zwei engen Turmschäften mit Einbahnregelung für den Auf- und Abstieg. Weil der Turm an eine lange Herrenunterhose erinnert, erhielt er schnell den Spitznamen »Gefrorene Unterhose«. Zum Bau wandte sich der Schwäbische Albverein auf Empfehlung des maßgeblichen Mäzens, des Pfullinger Privatiers Louis Laiblin – der auch durch eine Tafel gewürdigt wird –, an Theodor Fischer, der von 1901 bis 1908 in Stuttgart Professor für Architektur war.

Verzweigung halten wir uns mit dem roten Balken links in Richtung Wackerstein.

Wir gehen auf einem schmalen Grat weiter durch eine Felsformation und dann auf einem kurzfristig fast alpin anmutenden Steig bergauf. Schließlich treffen wir auf eine Schutzhütte, hier geht es nach links hinaus zu einem Aussichtspunkt und zum Wackerstein (825 m).

Danach wandern wir zurück zur Schutzhütte und orientieren uns an der Beschilderung »Hinteres Sättele Schönberg«. Der rote Strich führt uns bergab, wir überqueren einen Forstweg und steigen dahinter mit dem Zeichen auf einem schmalen Steig im Zickzack hinab zum Hinteren Sättele. Dort halten wir uns links, kurz danach nehmen wir den zweiten Weg von links, der mit dem blauen Dreieck in Richtung Wanne ausgezeichnet ist.

Wir wandern auf einem schmalen Pfad relativ eben erst durch den Wald, dann über steil abfallende Wiesen bis zu einer Verzweigung, wo unser Pfad in einen breiteren Weg einmündet. Wir gehen weiter bis vor den Parkplatz in der Wanne, hier steigt der Weg nach rechts steil an. Nach kurzem Bergauf stehen wir vor dem Aussichtsturm und der lang gezogenen Wiese über den Bergrücken.

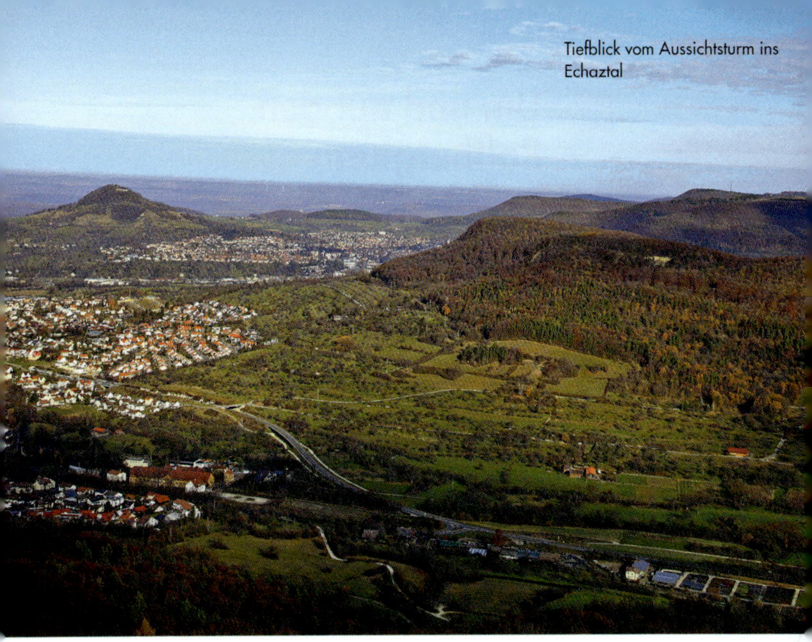

Tiefblick vom Aussichtsturm ins Echaztal

Wir wandern nun mit dem roten Strich ein Stück am Waldrand entlang, dann weist uns das Zeichen nach links in den Wald. Gleich danach an einem querenden breiteren Weg halten wir uns links und kommen vor einen anderen breiten Forstweg, dort folgen wir dem roten Strich nach rechts. Nun wandern wir auf schmalem Pfad hinab zum Hinteren Sättele. Dort folgen wir dem mit dem blauen Dreieck markierten Weg in Richtung »Won Nebelhöhle«. Wir gehen durch Wald, leicht aufwärts und vorbei an mächtigen Felsen, bis wir nach dem Wald wieder auf die Freifläche des Won stoßen. Nun wandern wir auf bekanntem Weg zurück zur Nebelhöhle, erst über die Wiesen des Won, dann im Wald.

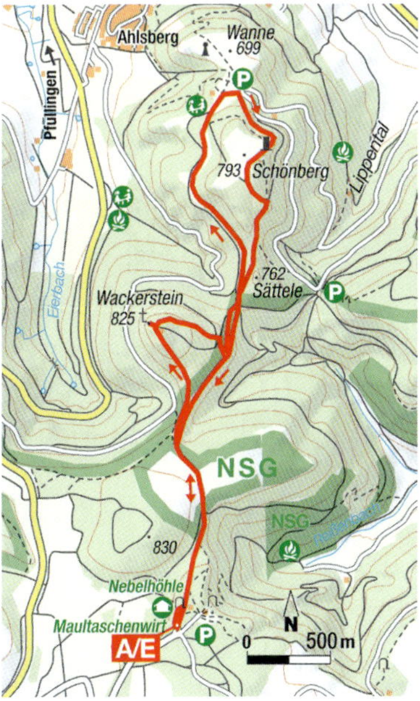

5 Um und auf den Roßbergturm

Prächtige Natur und Aussicht

Mittel | 8,2 km | 130 Hm | 2.30 Std.

Tourencharakter: Wir wandern auf gut zu gehenden Naturwegen und Forstwegen. Wer den Steig zum Turm vermeiden will, nimmt das Fahrsträßchen.

Ausgangs-/Endpunkt: Sonnenbühl-Genkingen, Wanderparkplatz Roßbergwiesen (751 m)

Höchster Punkt: Roßbergturm (869 m)

Anfahrt: Auto: B27, dann B464 nach Reutlingen. Auf der B28 und der L383 nach Gönningen. In der Lichtensteinstraße durch den Ort hindurch, danach auf der L230 hinauf nach Genkingen. Dort rechts ab in die Öschinger Straße in Richtung Roßberg. Unterhalb des Berges, auf dem der Turm steht, gibt es Parkplätze. GPS 48.419248, 9.150471; Bus & Bahn: Keine Verbindung

Einkehr: Wanderheim des Schwäbischen Albvereines im Turm

Karte: Wanderkarte W242 Sonnenbühl, 1:25 000 (LGL und Schwäbischer Albverein e.V.)

Informationen: www.sonnenbuehl.de, www.albverein.net

Vom Roßbergturm hat man nicht nur einen wunderbaren Blick, im dazugehörigen Wanderheim kann man auch einkehren – und sogar im Turm übernachten! Auch die Roßwiese vor dem Turm ist ein prächtiges Stück Natur mit seltenen Pflanzen und beeindruckenden Weidbuchen.

Am Wanderschild »Parkplatz Roßberg (751 m)« orientieren wir uns links in Richtung Hirschhäusle. Wir kommen in den Wald, wo es erst mal steil bergab geht. Bald treffen wir auf einen querenden Forstweg. Ihm folgen wir, rechts eines Bachlaufes, nach rechts. Nun wandern wir eben weiter.

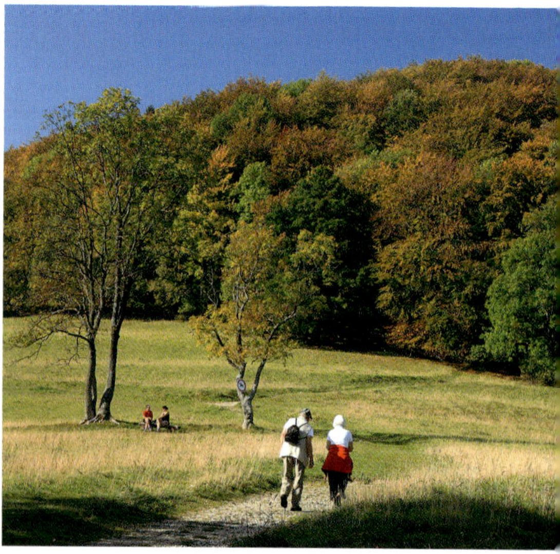

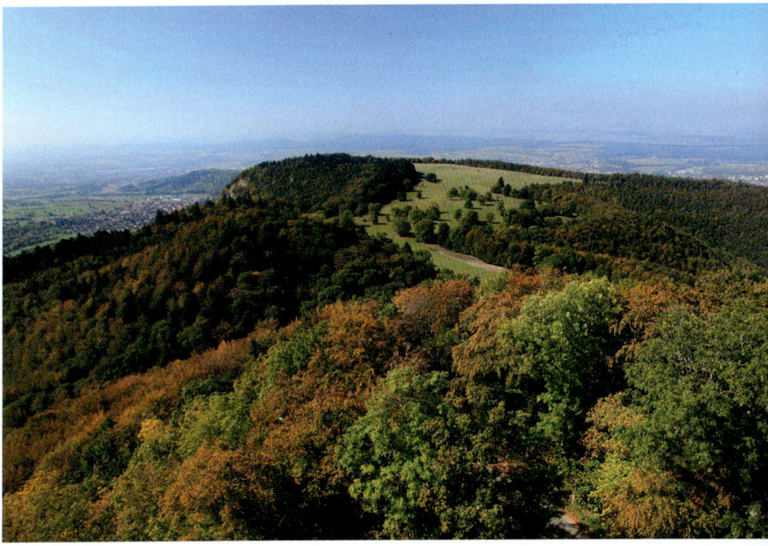

Blick vom Aussichtsturm über das flache Roßfeld

Linke Seite: Vor dem letzten Anstieg zum Roßbergturm

Nach einiger Zeit geht am Schild »Hirschhäusle (639 m)« ein mit dem roten Dreieck bezeichneter Wanderweg in Richtung Bolberg links ab, wir wandern aber mit der blauen Raute im Bachhaldeweg geradeaus weiter. Kurz darauf zweigen wir rechts ab in den Schembergweg. Er steigt etwas an, wir kommen an einer Wiese mit Grillstelle vorbei und erreichen nach einiger Zeit ein Bergrutschgebiet. Hier kann man gut die geschichteten Kalkbänke erkennen. Auch Aussicht haben wir von diesem Punkt: Der Blick geht nach links zu den abfallenden Albbergen und hinab

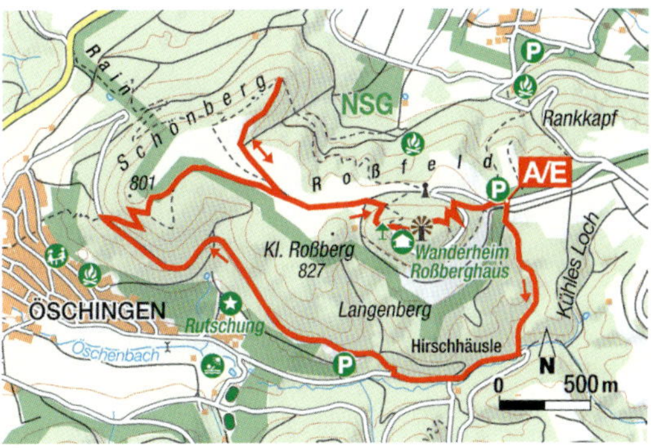

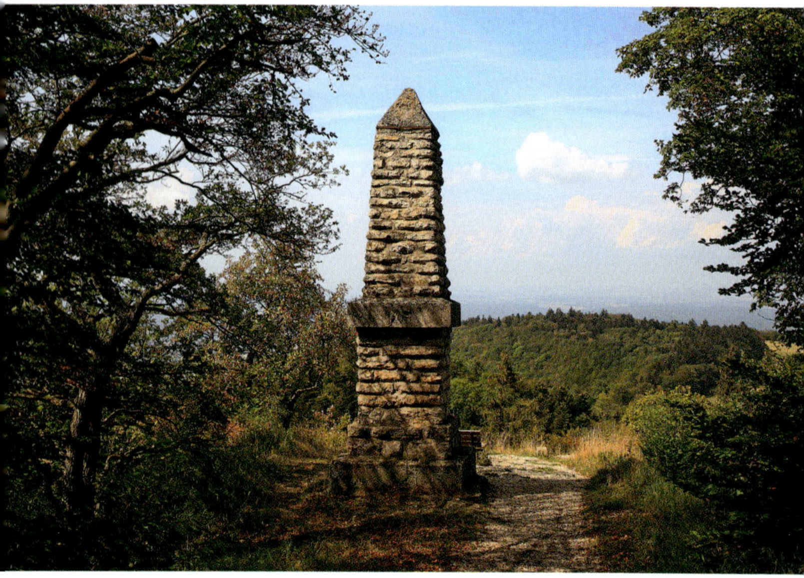

Quenstedt-Denkmal

Das Quenstedt-Denkmal erinnert an den gebürtigen Sachsen Friedrich August von Quenstedt, der in Tübingen Professor für Mineralogie, Geologie und Paläontologie war. Von ihm stammt die Einteilung der Stufengliederung des geologischen Aufbaues der Schwäbischen Alb.

Vom Quenstedt-Denkmal bietet sich ein Blick hinab auf das Roßfeld.

Rechte Seite: Auch im Aussichtsturm kann man übernachten.

nach Öschingen und ins Albvorland. Danach wandern wir wieder im Wald weiter. Rechts sehen wir bald den ehemaligen Steinbruch Kalkofen.

Wenig später quert ein mit der blauen Raute markierter Pfad. Auf ihm steigen wir nach rechts im Zickzack aufwärts. Auf der Hochfläche biegen wir rechts ab und folgen dem Weg über die Roßwiesen. Schließlich erreichen wir eine Verzweigung. Der aus Richtung Öschingen kommende Zweig der beiden Wege ist unserer. Hier biegen wir mit dem blauen Dreieck scharf links ab in Richtung »Gomaringen Dußlingen«. Etwas später knickt der Weg rechts ab und wir kommen zu einem Grillplatz mit Tisch und Bänken.

Danach führt uns der Weg in den Wald und bringt uns zum Aussichtspunkt Schönberger Kapf (400 m). Von hier sehen wir hinab nach Gönningen und dem dahinterliegenden Berg, links davon nach Reutlingen und der Achalm, rechts sehen wir den Schönbergturm, auch Unterhose genannt, als weißen Punkt über den Bäumen hervorblitzen. Danach gehen wir zurück zum Grillplatz und folgen weiter dem blauen Dreieck nach links. Vorbei an der bekannten Verzweigung und zwischen mächtigen Weidbuchen wandern wir auf den Roßberg mit dem Aussichtsturm zu.

Vor dem Berg, auf dem sich der Aussichtsturm und das Wanderheim befinden, nehmen wir den mit dem blauen Dreieck markierten Pfad, auf dem wir im Zickzack steil emporsteigen. Auf der Höhe erreichen wir das Quenstedt-Denkmal.

Kurz darauf sind wir am Aussichtsturm und Wanderheim. Wir sollten den Turm besteigen, außerdem kann man hier einkehren. Anschließend gehen wir auf dem mit dem blauen Dreieck markierten Wanderweg oder dem Zufahrtssträßchen – an Sonn- und Feiertagen herrscht hier Fahrverbot – hinab zum Parkplatz.

Roßbergturm

Vorgänger des heutigen Roßbergturmes war ein Holzskelettturm aus Eichenstämmen, von dem der Albvereinspräsident damals hoffte, er werde »bis in ferne Generationen dauern und der Nachwelt Kunde von schwäbischer Naturfreude« geben. Danach errichtete der Schwäbische Albverein 1913 anlässlich seines 25-jährigen Jubiläums den 28 Meter hohen Turm in Stahlbetonbauweise. Man sieht bis zu den deutschen Alpen mit Zugspitze und Allgäu, zu den österreichischen Alpen in Vorarlberg und den Glarner und Berner Alpen in der Schweiz.

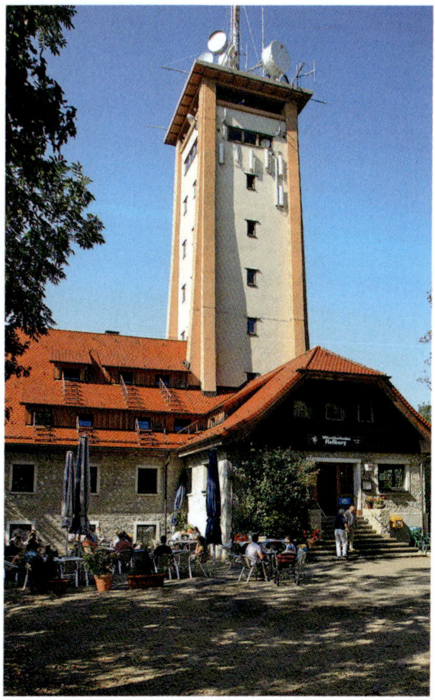

6 Nebelhöhle und Schloss Lichtenstein

Zum schwäbischen Märchenschloss

Mittel | 10,9 km | 220 Hm | 3.30 Std.

Tourencharakter: Wir wandern auf Natur- und festen Wegen. Als »hochgehberge«-Wanderung beschildert.

Ausgangs-/Endpunkt: Sonnenbühl, Wanderparkplatz Nebelhöhle (826 m)

Höchster Punkt: Nebelhöhle (826 m)

Anfahrt: Auto: B 27 und B 312 nach Metzingen, B 313 nach Pfullingen, danach L 382 bis kurz vor Genkingen und dort nach links zur Nebelhöhle. GPS 48.416566, 9.221542. Gebührenpflichtig parken beim Schloss Lichtenstein. Kostenlos parken beim Kalkofen. GPS 48.416759, 9.222074; Bus & Bahn: Keine Verbindung

Einkehr: Lichtenstein, Altes Forsthaus, Nebelhöhle

Karten: Wanderkarte W 242 Sonnenbühl, 1:25 000 (LGL und Schwäbischer Albverein e.V.); Wanderkarte mit Radwegen Lichtenstein Trochtelfingen, Blatt 52-536, 1:25 000 (NaturNavi)

Informationen: hoehlen.sonnenbuehl.de, www.schloss-lichtenstein.de

Sowohl die Nebelhöhle wie auch Schloss Lichtenstein zählen zu den Hauptattraktionen auf der Schwäbischen Alb. Darüber hinaus bietet uns die Tour eine typische Landschaft der Albhochfläche, zudem zwischen Schloss Lichtenstein und dem Gießstein jede Menge Aussichtspunkte.

Vom Parkplatz oberhalb der Nebelhöhle gehen wir hinab zu den Gebäuden. Beim Schild »südlich Nebel-

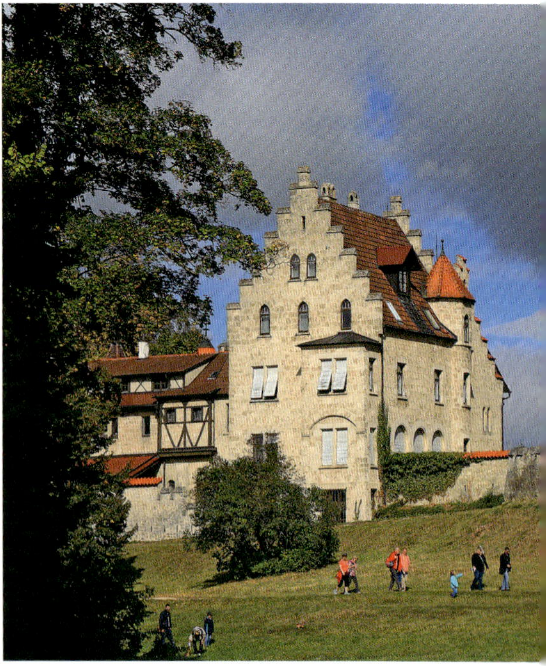

höhle (806 m)« biegen wir links ab und folgen dem rechts der Straße verlaufenden Fußweg. Beim Schild »südwestlich Nebelhöhle (808 m)« überqueren wir die Straße.

Wir gehen am Waldrand entlang bis zum Schild »nordwestlich Feldberg (814 m)«. Hier halten wir uns rechts. Am Schild »nordwestlich Alteschbühl (804 m)« biegen wir links ab. Nach dem Schild »Am Steinbruch nordwest (810 m)« wandern wir am Steinbruch vorbei. Am Schild »nordwestlich Kalkofen (803 m)« biegen wir rechts ab und folgen dem Feldweg in weiten Schwüngen aufwärts.

Beim Schild »südlich Kalkofen (826 m)« biegen wir rechts ab und kommen zum Zaun des Steinbruches.

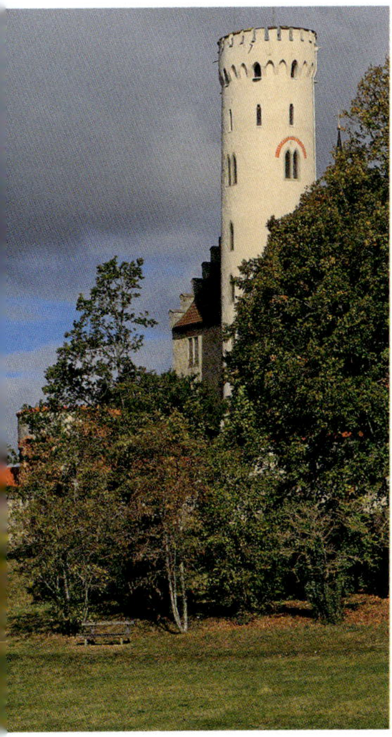

Schloss Lichtenstein ist auch von seiner Bergseite sehenswert.

Schloss Lichtenstein

Das württembergische »Märchenschloss« Lichtenstein ist auch eine der merkwürdigsten literarischen Besonderheiten des Landes. Die Stelle, an der die spärlichen Ruinen der Vorgängerburg standen, wurde bekannt durch den 1826 erschienenen Roman von Wilhelm Hauff. Das Schloss war aber nicht das reale Vorbild der Geschichte von der Vertreibung des ungeliebten Herzogs Ulrich, der sich vor seinen Verfolgern angeblich auch in der Nebelhöhle versteckt haben soll, es wurde nämlich erst 1840/1841 im Stil des Historismus erbaut. Eine erste Burg anstelle des heutigen Schlosses entstand 1100 bis 1150 durch die Herren von Lichtenstein. Ende des 14. Jahrhunderts kam sie an Württemberg. Während Alt-Lichtenstein nach 1311 in seinen Trümmern liegen blieb, wurde diese Burg erneuert. 1837 erwarb Herzog Wilhelm von Urach, Graf von Württemberg, den Besitz und ließ das heutige Schloss erbauen.

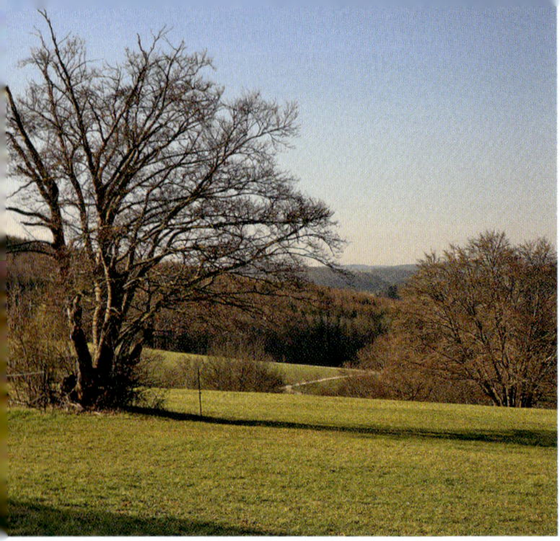

Der Weg zum Gießstein führt teilweise durch eine parkartige Landschaft.

Hier halten wir uns links. Vor dem Wald zieht der Weg etwas nach rechts, dann wandern wir am Zaun entlang. Am Schild »östlich Mittlerer Teich (784 m)« knickt der Pfad scharf links ab.

Nach einem Stück Wald wandern wir durch weite Wiesenflächen, die mit vereinzelten Bäumen und Gebüschen fast wie ein englischer Landschaftspark wirken. Wir passieren das Schild »südwestlich Gekweid (775 m)« und wandern hinab zu einer Straße. Auf ihr gehen wir nach rechts weiter. Am Waldrand zieht die Straße vor dem Schild »Hüllhalde Südwest (756 m)« nach rechts, wir gehen aber auf dem Weg gleich dahinter im Wald nach rechts hinauf.

An einer Verzweigung beim Schild »Hüllhalde Südost (777 m)« halten wir uns rechts. Durch den Klettergarten/Abenteuerpark erreichen wir die Straße. Rechts liegt der Parkplatz von Schloss Lichtenstein. Wir halten uns rechts, dann sofort links. Gleich danach beim Schild unterhalb von Schloss Lichtenstein (798 m) zweigen wir rechts ab und spazieren zum Trauf. Am Schild »Wilhelm-Hauff-Denkmal (788 m)« machen wir nach rechts einen Abstecher zur Ruine Alt-Lichtenstein (795 m). Danach gehen wir wieder hinauf und wandern erst an der Geologischen Pyramide, danach am Denkmal für den Dichter Wilhelm Hauff vorbei zum Schlosseingang.

Nach dem Schloss gehen wir geradeaus weiter und folgen am Alten Forsthaus (809 m) dem Schild zur Nebelhöhle kurz bergab, biegen aber am Schild »Altes Forsthaus West (795 m)« rechts ab. Gleich da-

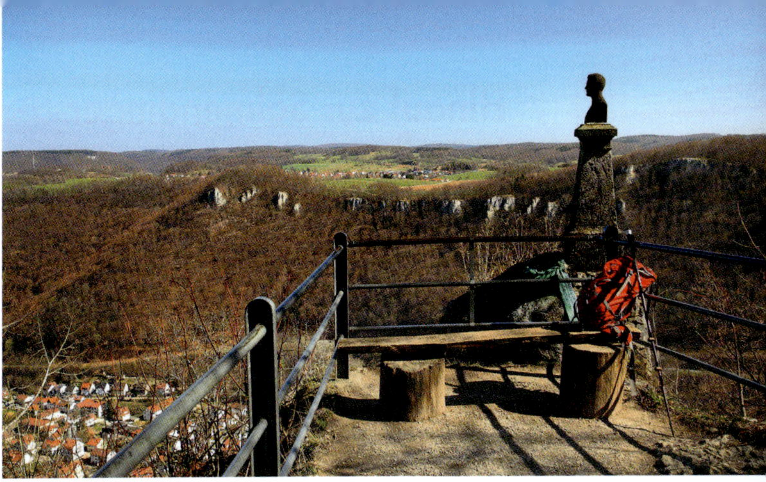

nach am Schild »Altes Forsthaus Nord (792 m)« geht es nach links bergab zum Schild »Schlösslessteige (771 m)«. Ab jetzt geht es immer etwas bergauf und bergab bis zum Gießstein (788 m). Der Weg führt nach links weiter und bringt uns nach einer Weile zu einer Straße. Links liegt der Parkplatz Kalkofen. Wir folgen aber dem breiten Forstweg auf der anderen Straßenseite. An einer Verzweigung im Wald nehmen wir den rechten Weg. Er geht bald in einen Pfad über und bringt uns zu den Parkplätzen der Nebelhöhle.

Vom Wilhelm-Hauff-Denkmal bietet sich ein Blick über das tief eingeschnittene Echaztal zu den Traifelbergfelsen.

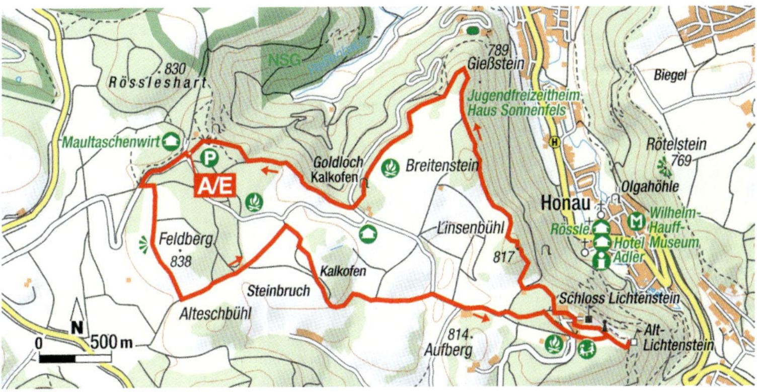

7 Hinauf zur Salmendinger Kapelle

Eines der Wahrzeichen der Alb

Mittel 9,4 km 170 Hm 2.30 Std.

Tourencharakter: Wir wandern meist auf festen Wegen, einen Anstieg gibt es im Prinzip nur hinauf zur Kapelle.

Ausgangs-/Endpunkt: Burladingen-Salmendingen, 1. Parkplatz nach Salmendingen, am Zugang zur Salmendinger Kapelle (780 m)

Höchster Punkt: Salmendinger Kapelle (885 m)

Anfahrt: Auto: B 27 über Tübingen bis nach Dußlingen, dann weiter über Nehren, Mössingen und Talheim nach Salmendingen. Im Ort nach Westen bis an den Fuß des Kornbühles. GPS 48.353113, 9.103275; Bus & Bahn: Keine Verbindung

Karte: Freizeitkarte F 523 Tübingen Reutlingen, 1:50 000 (LGL)

Informationen: www.salmendingen.de

Wir besuchen bei dieser Tour eine der bekanntesten Sehenswürdigkeiten auf der Alb. Zuerst wandern wir durch wogende Getreidefelder auf der Hochfläche der westlichen Alb. Anschließend steigen wir auf zur Salmendinger Kapelle.

Vom Parkplatz aus gehen wir auf dem Grasweg links der Straße kurz in Richtung Salmendingen. Am kreuzenden Weg halten wir uns rechts, an der nächsten Kreuzung wandern wir geradeaus durch die Getreidefelder weiter. Nach einer Biogasanlage biegen wir rechts ab und kommen zur K7161. Auf ihrer anderen Seite nehmen wir den nach rechts ziehenden Weg. An

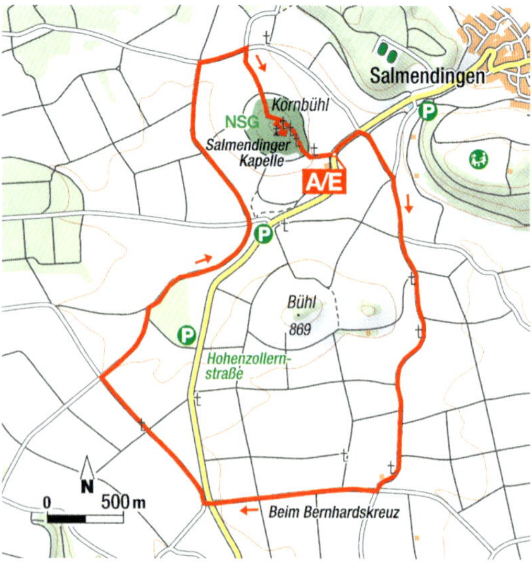

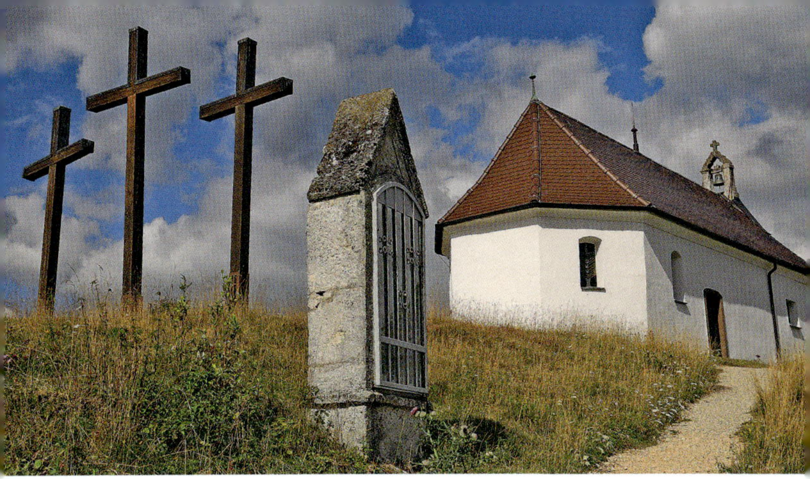

der Kreuzung mit dem festen Weg orientieren wir uns rechts und wandern bis zur Straße. Links eines Parkplatzes queren wir den mit der roten Gabel markierten Weg und wandern links des Kornbühles bis zu einem querenden Weg. Hier biegen wir rechts ab. Kurz danach steigen wir durch die Wacholderheide hinauf auf den Kornbühl. Wir queren den Kornbühlrundweg und erreichen nach weiterem Aufstieg die Kapelle. Danach gehen wir nach Süden hinab zum Parkplatz.

Die Salmendinger Kapelle auf dem Kornbühl gehört zu den bekanntesten Sehenswürdigkeiten der Schwäbischen Alb.

Aussicht beim Aufstieg zur Kapelle

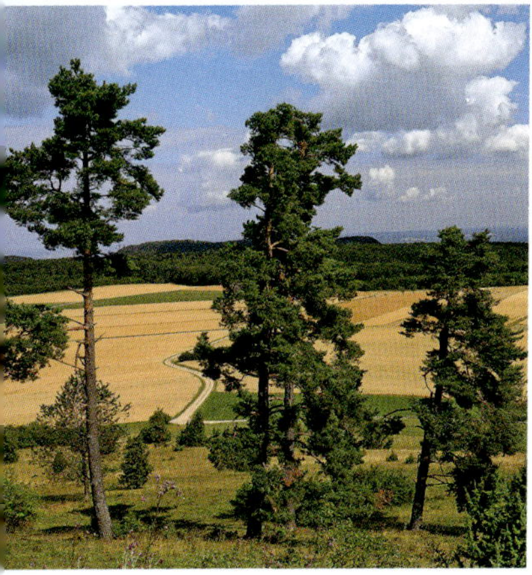

Salmendinger Kapelle

Die St.-Anna-Kapelle/Salmendinger Kapelle auf dem Kornbühl steht auf einem Umlaufberg auf dem Heufeld. Der Berg steht seit 1983 unter Naturschutz. Aufgrund seiner Steilheit und kreisrunden Form herrschen hier besondere klimatische Verhältnisse. Diese bieten vielen seltenen und vom Aussterben bedrohten Tierarten ideale Lebensbedingungen. Bei der 1507 erstmals erwähnten Kapelle mit ihren drei schwarzen Holzkreuzen hauste ab 1705 ein Eremit.

8 Auf oder um den Neuban

Wacholderheide und Aussicht

Leicht | 5,9 km | 70 Hm | 1.40 Std.

Tourencharakter: Einfache Wanderung – wer keinen Naturpfad gehen will, kann auch auf dem festen Weg bleiben.

Ausgangs-/Endpunkt: Trochtelfingen-Mägerkingen, Wanderparkplatz (757 m)

Höchster Punkt: Neuban (811 m)

Anfahrt: Auto: B 27, B 312, B 313 über Reutlingen, Lichtenstein und Trochtelfingen. Von der B 313 führt ein Sträßchen nach Osten. Auf ihm fahren wir, dem Wanderzeichen gelbes Dreieck folgend, bis zu einem Wanderparkplatz bei ein paar Scheunen. GPS 48.284362, 9.231638; Bus & Bahn: Bahn bis Reutlingen, weiter mit dem Bus

Einkehr: Mägerkingen

Karte: Wanderkarte W 242 Sonnenbühl, 1:25 000 (LGL und Schwäbischer Albverein e.V.)

Informationen: www.trochtelfingen.de

Der Neuban ist eine mit Wacholderheide bewachsene Kuppe, bei der man auf dem Anstiegsweg einen schönen Blick über die Umgebung hat. Wer den Anstieg auf einem Naturpfad nicht unternehmen will, spaziert einfach um die Erhebung herum.

Ab dem Parkplatz gehen wir auf dem Sträßchen, uns an dem Wanderzeichen orientierend, weiter leicht bergauf in Richtung Augstberg.
Nach etwas Anstieg müssen wir uns vor einem weiteren Parkplatz entscheiden. Wer nur auf dem festen Weg gehen will, spaziert geradeaus weiter, erst noch etwas hinauf, dann bergab bis zu einer Kreuzung.

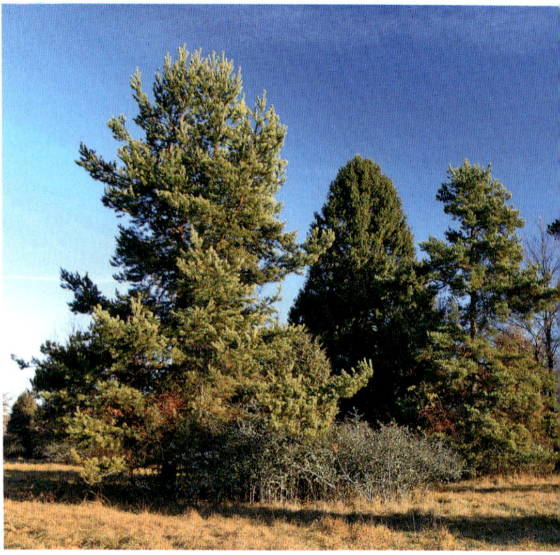

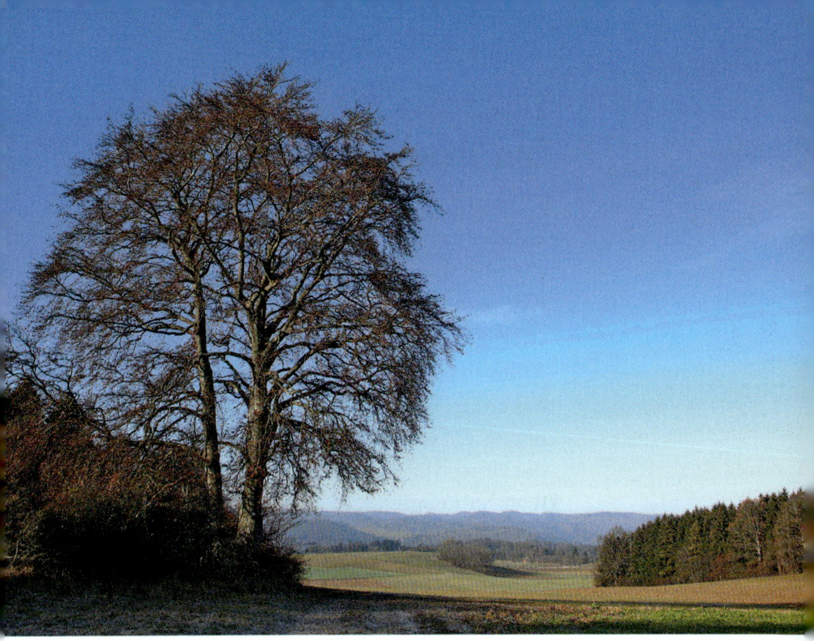

Schöner ist es jedoch, wenn man dem Wanderzeichen in Richtung Neuban folgt. Es weist uns nach rechts, dann gleich nach links. Wir achten nun immer auf das gelbe Dreieck und kommen auf einem Naturpfad hinauf zu der kleinen Wacholderheide auf dem Gipfel des Neubans (811 m). Dort finden wir auch eine Schutzhütte mit Grillgelegenheit. Danach kommen wir wieder hinab zu dem Sträßchen, von dem wir vorhin abgezweigt sind und auf dem diejenigen wandern, die auf den Gipfel verzichtet haben. Wir halten uns rechts und gehen hinab zu einer Kreuzung. Hier wandern wir nach rechts zum Waldrand und dort nach rechts weiter. Der Weg zieht etwas später nach rechts und steigt leicht an. Danach knickt er links, dann wieder rechts ab und führt uns zurück zum Ausgangspunkt.

Um den Neuban findet man sehenswerte alte Bäume.

Linke Seite: Heidelandschaft mit mächtigen Bäumen am Neuban

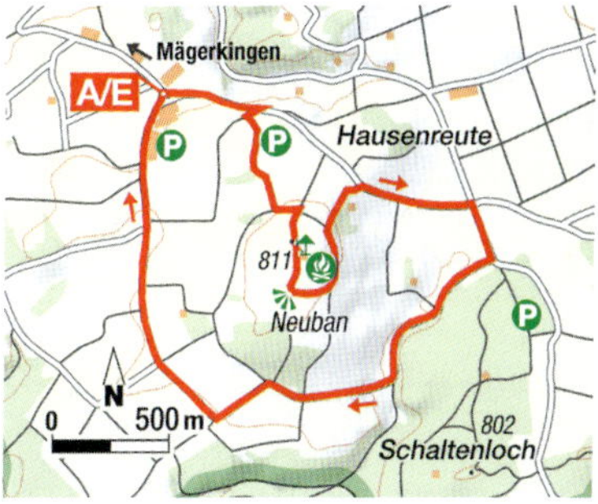

9 Über die Albhochfläche bei Trochtelfingen

Fachwerkstadt und fromme Zeichen

Mittel | 9,7 km | 140 Hm | 2.40 Std.

Tourencharakter: Wir wandern auf festen Wegen.

Ausgangs-/Endpunkt: Trochtelfingen, Parkplatz an der B313 am Abzweig Alb-Gold (713 m)

Höchster Punkt: Anfang des Grafentales (770 m)

Anfahrt: Auto: B27, dann B464 nach Reutlingen. Weiter auf der B313 über Pfullingen und Großengstingen bis kurz vor Trochtelfingen. Parkmöglichkeiten gibt es südlich des Abzweiges von der B313 zur Firma Alb-Gold oder in Trochtelfingen. GPS 48.327644, 9.247340; Bus & Bahn: Bahn bis Reutlingen, weiter mit dem Bus nach Trochtelfingen.

Einkehr: Trochtelfingen, Alb-Gold

Karte: Wanderkarte W242 Sonnenbühl, 1:25 000 (LGL und Schwäbischer Albverein e.V.)

Informationen: www.trochtelfingen.de

Die Wanderung führt uns mit einem ständigen Wechsel von Wald, Feldern und Wiesen über die Albhochfläche. Außerdem bieten sich uns zwei Höhepunkte. Der eine ist das alte Städtchen Trochtelfingen, ein wahres Fachwerkparadies, der andere ist die Firma Alb-Gold mit ihrer gläsernen Produktion, dem Naturgarten und dem Restaurant.

Gleich am Abzweig von der B313 zu Alb-Gold überqueren wir die Bahnlinie. Unmittelbar danach biegen wir mit dem Radwegschild links ab. Nun wandern wir mit leichtem Auf und Ab durch die Wiesen bis zu einem Flurkreuz. Hier halten wir uns links, vor der

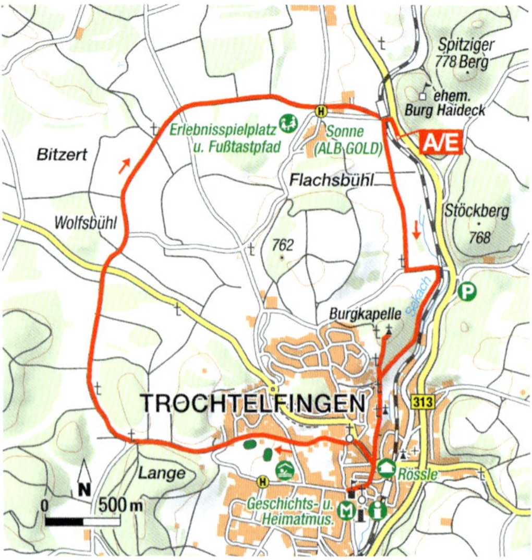

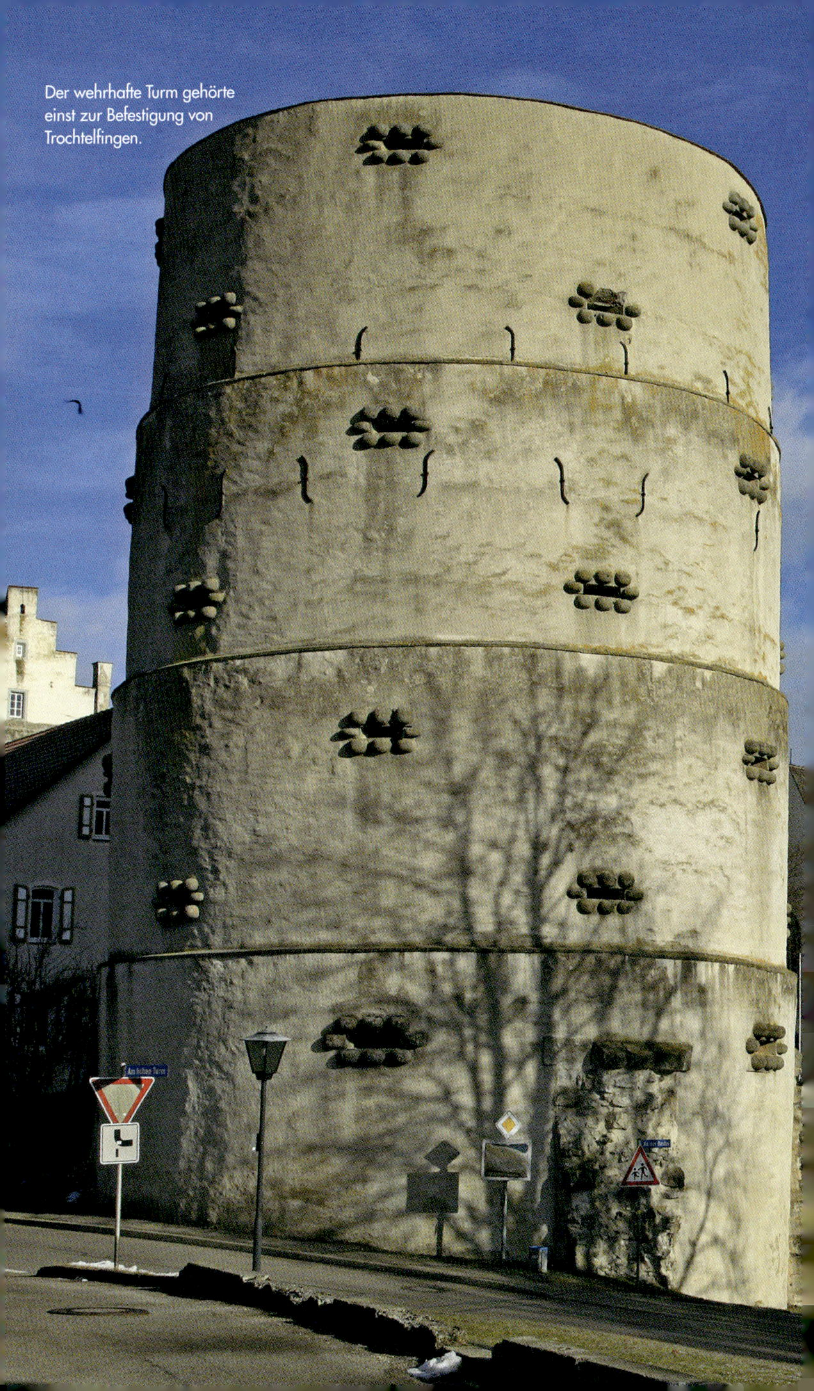

Der wehrhafte Turm gehörte einst zur Befestigung von Trochtelfingen.

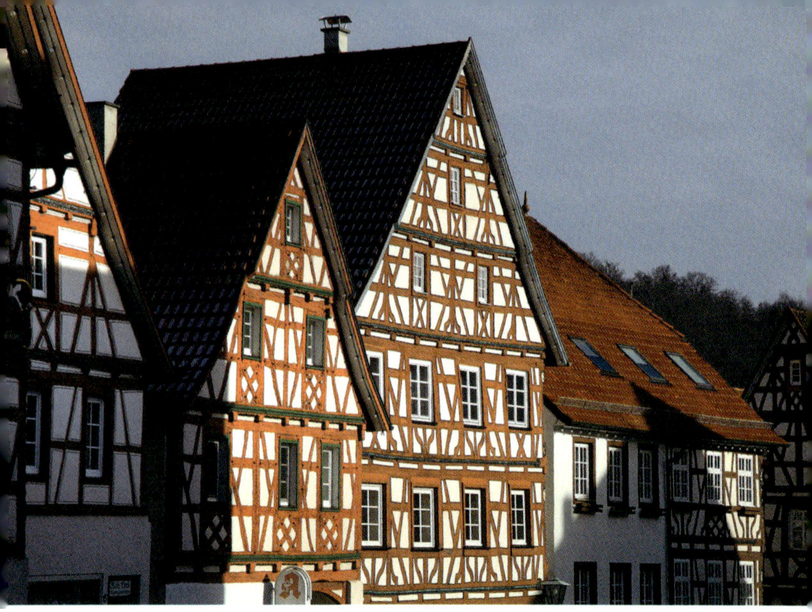

Das Fachwerkparadies Trochtelfingen lockt zu einem Bummel.

Rechte Seite oben: Laubwälder entfalten im Herbst ihre schönste Pracht.

Rechte Seite unten: Gleich am Anfang der Tour kommt man an einem großen Flurkreuz vorbei.

Bahn und der Bundesstraße rechts. Nun kommen wir in den Wald. Kurz vor den ersten Häusern von Trochtelfingen können wir nach rechts einen Abstecher zur Burgkapelle machen, indem wir den Kreuzwegstationen folgen. Danach oder ansonsten zweigen wir hier links von dem Asphaltweg ab und gehen entlang der Kreuzwegstationen zu einer weiteren Kapelle, danach erst auf einem schmalen Schotterpfad, dann auf dem Mauritiusweg zu einem Platz, wo die Straße Brechgrube rechts abgeht. Jetzt empfiehlt es sich, nach links zur Marktstraße zu gehen und ihr nach rechts in das historische Zentrum von Trochtelfingen zu folgen.

Danach kehren wir wieder zurück und folgen der Straße Brechgrube nach links. Nach etwas Anstieg zweigen wir vor der Kirche links in die Schillerstraße

Trochtelfingen

Trochtelfingen wurde Anfang des 13. Jahrhunderts zur Stadt ernannt und besitzt Festungsbauten aus dem 14. Jahrhundert und viele schön renovierte Fachwerkhäuser; sehenswert sind außer diesen beispielsweise der Hohe Turm, die Kirche (Fresken, Anfang 14. Jh.; Holzskulpturen, 1430) und der Stadtbrunnen mit Steinfigur (1779). Der Stadtkern ist seit 1979 denkmalgeschützt.

ab. Sie bringt uns zur querenden Hohenbergstraße. Etwas nach rechts versetzt gehen wir auf ihrer anderen Seite links vom Sportplatz im Grafentalweg geradeaus weiter und verlassen bald Trochtelfingen. Vorbei an Wiesen und Waldstücken kommen wir zu einem Flurkreuz im Grafental. Hier biegen wir rechts ab. Nun wandern wir durch das flache Grafental, überqueren die Landstraße K 6736 und spazieren dahinter geradeaus weiter. Nun geht es geradeaus auf ein Feldkreuz zu.

Hier stand einst auch die mächtige Runde Buche. Wir wandern weiterhin geradeaus und überqueren nach etwas Bergab ein Sträßchen. Hinter ihm liegt links eine Anpflanzung von Weißdorn, die zu Arzneizwekken verwendet wird. Rechts geht ein albtypisches Trockental ab, hier sehen wir auch eine kleine Felsformation.

Wir wandern nun immer auf dem Sträßchen weiter. Nach einem Waldstück und vor der Firma Alb-Gold liegt links eine schöne Baumgruppe, davor weist der Boden durch Dolinen eine recht unruhige Oberfläche auf. Nun kann man entweder nach rechts zu Alb-Gold gehen, den Kräutergarten oder die Produktion besichtigen, einkaufen oder einkehren oder geradeaus zurück zum Ausgangspunkt spazieren.

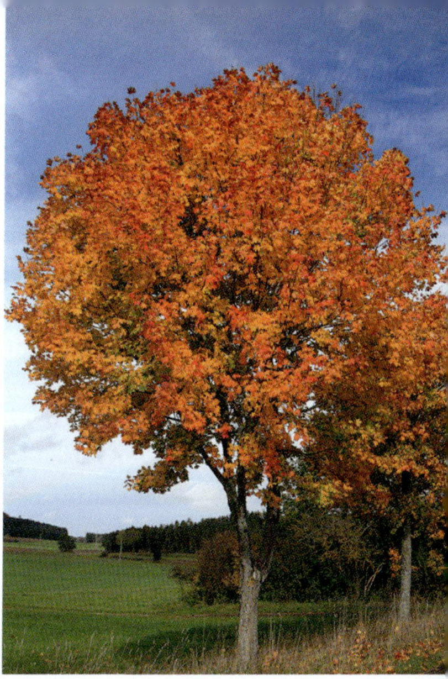

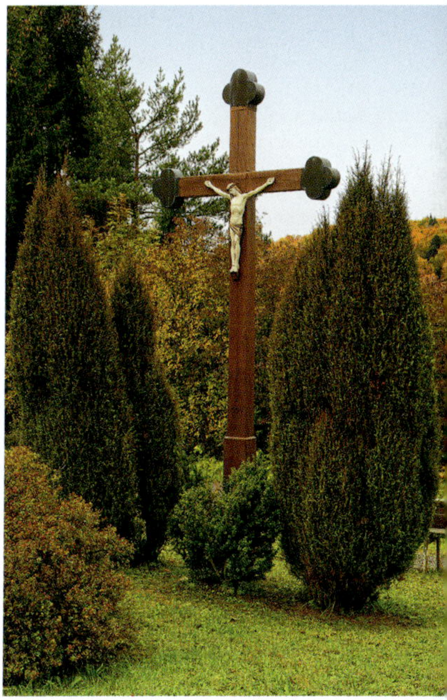

10 Premiumwandern auf dem Raichberg

Auf dem »Wintermärchen« durchs Schneeparadies

Leicht 7,5 km 270 Hm 2.30 Std.

Tourencharakter: Die Wanderung verläuft auf einem geräumten Winterwanderweg.

Ausgangs-/Endpunkt: Albstadt-Onstmettingen, Parkplatz Stocken, Nägelestraße (877 m)

Höchster Punkt: Beim Aussichtsturm (950 m)

Anfahrt: Auto: Auf der B 27 bis nach Hechingen, dann über Wessingen und Zimmern nach Thanheim, von dort auf der L360 zum Stich bzw. weiter nach Albstadt-Onstmettingen und auf den Raichberg. Der Parkplatz Stocken ist der erste nach Onstmettingen kurz nach der Verzweigung Zollersteighof/Nägelehaus in Richtung Nägelehaus. GPS 48.294222, 8.999419; Bus & Bahn: Bahn bis Ebingen, Bus bis Onstmettingen Haltestellen Rathaus, Hofäckerstraße, Stocken, Nägelehaus.

Einkehr: Zollersteighof, Nägelehaus, Onstmettingen

Karte: Freizeitkarte F523 Tübingen Reutlingen, 1:50000 (LGL)

Informationen: www.traufgaenge.de

Einer der beiden Premium-Winterwanderwege im Land ist der »Wintermärchen«, der in rund 1000 Metern Höhe auf dem recht schneesicheren Raichberg verläuft. Etwas Besonderes ist der »Postkartenblick« vom Zeller Horn auf die Burg Hohenzollern.

Der Winterwanderweg beginnt auf der anderen Straßenseite. Er zieht kurz danach nach links, dann knickt er scharf links ab und bringt uns in den Wald. Später werden wir zum Dagersbrunnen verwiesen. Nach einem Hof wandern wir geradeaus weiter. Nach dem eingezäunten Grundstück mit einem Holzhaus überqueren wir eine Straße und halten wir uns an der nächsten Kreuzung rechts. Diese Straße vereinigt sich bald mit einer weiteren. Später wandern wir über Wiesenflächen bis zu einem querenden Weg. Vor ihm geht es nach rechts, ebenso am Waldrand. Zuerst machen

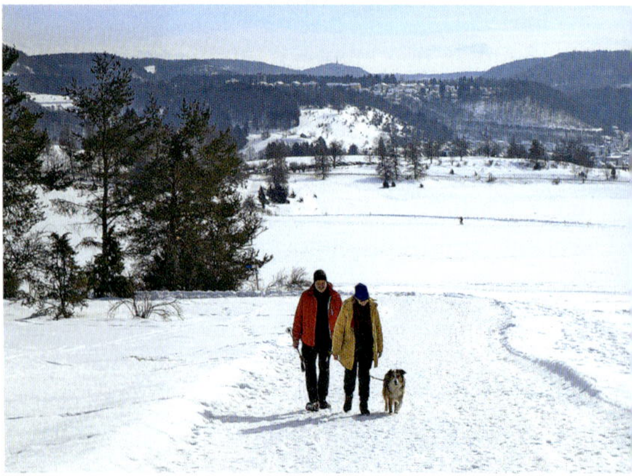

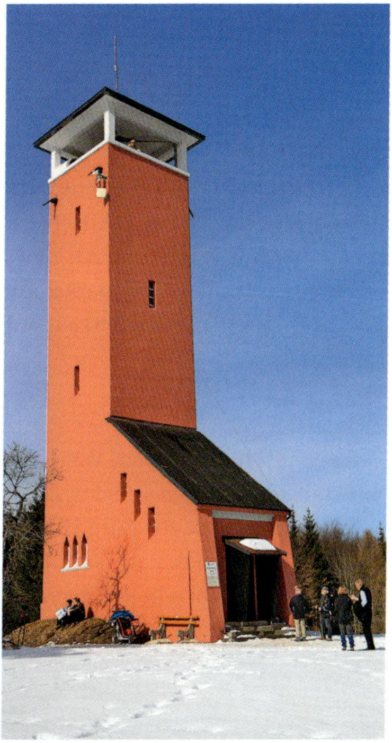

Wanderheim Nägelehaus

Das Wanderheim Nägelehaus wurde 1928 wie der Turm erbaut und nach Prof. Dr. Eugen Nägele, einem Mitbegründer des Schwäbischen Albvereines, benannt. Der in Betonbauweise erstellte Turm bietet eine Aussicht bis zur Zugspitze und zum Berner Oberland.

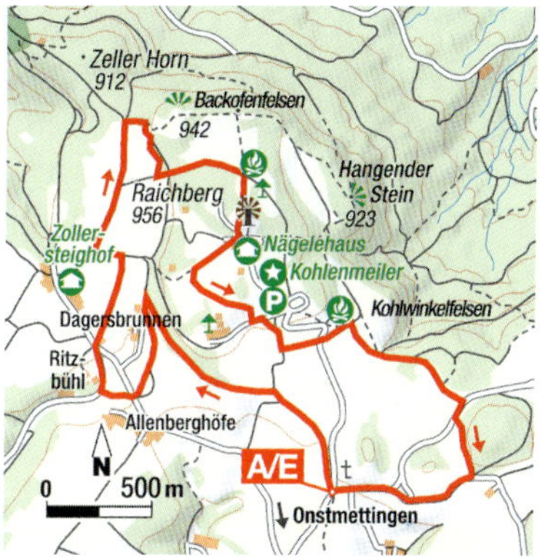

wir jedoch einen Abstecher zum Zeller Horn – hier hat man eine herrliche Aussicht zur Burg Hohenzollern und ins Albvorland – und kehren dann wieder zurück zum Abzweig.

Immer dem gewalzten Weg folgend, später mit einem weiten Rechtsbogen, kommen wir zum Raichbergturm und dem Nägelehaus. Danach folgen wir dem Zeichen zum Parkplatz Fuchsfarm, den wir nach einer Links- und dann einer Rechtskurve erreichen. Unser nächstes Ziel ist der Parkplatz Langer Weg. Der Weg führt uns an der Erhebung Gockeler vorbei. Danach treffen wir wieder auf einen festen Weg. Er führt uns in wenigen Minuten nach rechts hinab zum Ausgangspunkt.

Auch im Winter lohnt sich eine Besteigung des Aussichtsturmes.

Linke Seite: Der Premium-Winterwanderweg lockt besonders bei Sonnenschein zu einer Wanderung.

11 Vom Zollersteighof hinauf zum Raichberg

Mit Zollernblick zum Hangenden Stein

Mittel | 6 km | 200 Hm | 2 Std.

Tourencharakter: Wir wandern meist auf Pfaden, ansonsten auf Forstwegen. An den Steilabhängen vor dem Hangenden Stein sollte man gut auf die Kinder achten. Beim Aussichtsturm gibt es einen kleinen Spielplatz und eine Grillstelle.

Ausgangs-/Endpunkt: Albstadt-Onstmettingen, Zollersteighof Parkplatz (900 m)

Höchster Punkt: Raichberg (946 m)

Anfahrt: Auto: A 81 bis Ausfahrt Empfingen. Dann auf der B 463 über Haigerloch nach Bisingen, dann weiter nach Onstmettingen, dort der Beschilderung zum Raichberg folgen. GPS 48.303205, 8.981672; Bus & Bahn: Keine Verbindung

Einkehr: Zollersteighof, Nägelehaus

Karte: Freizeitkarte F 523 Tübingen Reutlingen, 1:50 000 (LGL)

Informationen: www.albstadt-tourismus.de

Der Blick vom Zeller Horn zum Hohenzollern zählt zu den bekanntesten Bildmotiven der Alb. Nach diesem ersten Höhepunkt wandern wir durch einen schönen Wald mit uralten Buchen zum markanten Hangenden Stein. Es folgen das Nägelehaus und der Aussichtsturm.

Wir gehen vom Zollersteighof mit der roten Raute erst nach rechts, dann nach links und am Waldrand entlang in den Wald. Bald erreichen wir das Zeller Horn mit dem bekanntesten Blick zur Burg Hohenzollern. Danach gehen wir zurück zum Waldrand und folgen dem roten Dreieck nach links. Nun geht es hinauf zum Backofenfelsen und zum Trauffelsen, beide ebenfalls mit Aussicht. Durch den Wald und an

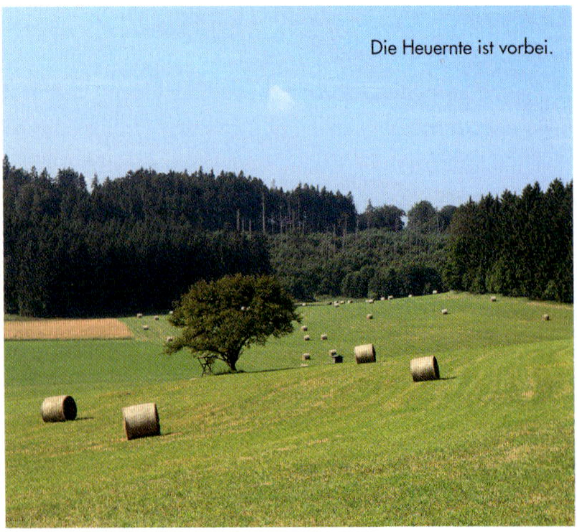

Die Heuernte ist vorbei.

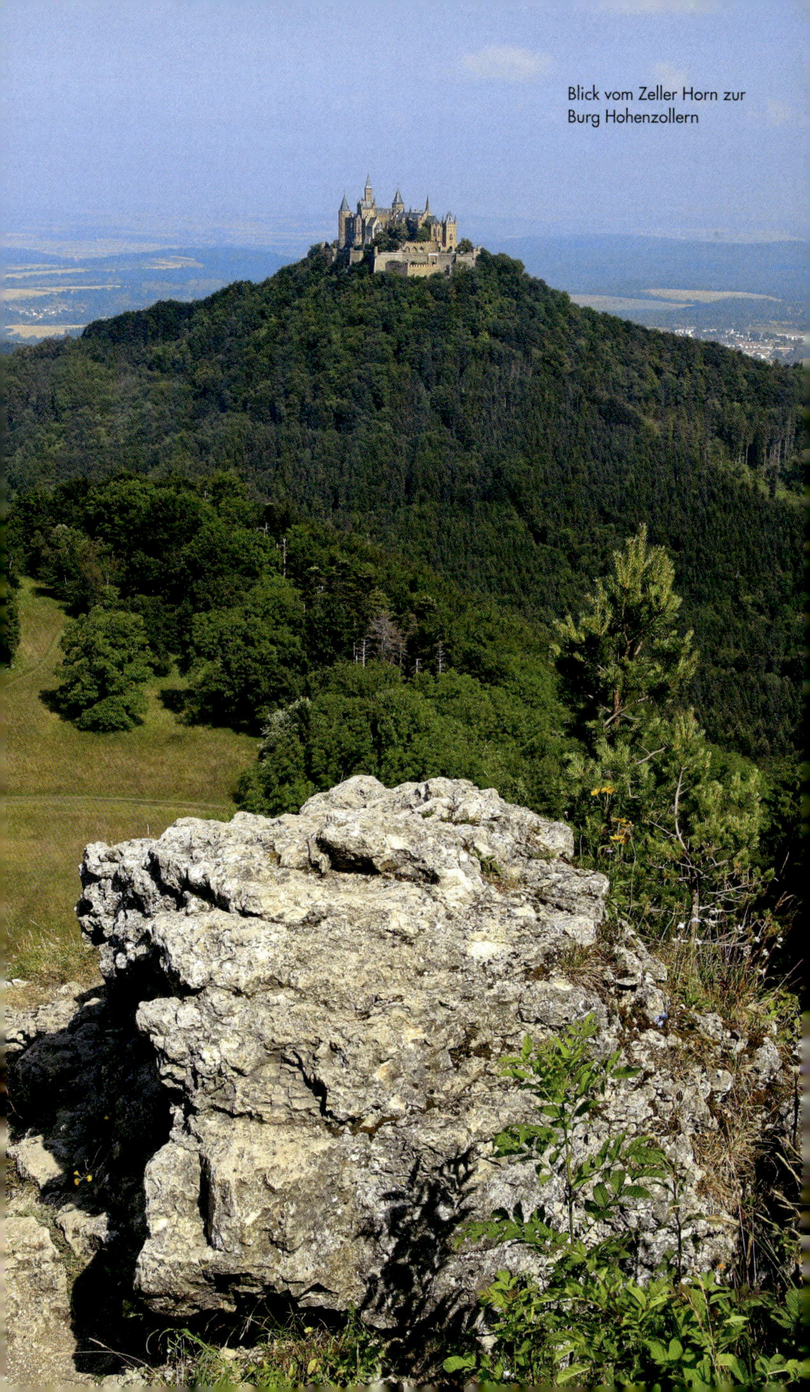

Blick vom Zeller Horn zur Burg Hohenzollern

Rechte Seite: Von verschiedenen Stellen am Albtrauf sieht man zur Burg Hohenzollern.

markanten Baummethusalemen vorbei kommen wir zu einer tiefen Schlucht.

Nach etwas Bergab verläuft links des Weges ein schmaler Riss, den wir bald auf einer Brücke nach links zu einem Aussichtspunkt überqueren. Nun sind wir am Hangenden Stein.

Kurz nach diesem zieht unser Weg nach rechts und wir kommen hinab in ein lang gestrecktes Wiesentälchen. Auf der anderen Seite gehen wir im Wald wieder aufwärts in Richtung Nägelehaus. Wir überqueren einen Forstweg und stehen kurz darauf vor dem Wanderheim des Schwäbischen Albvereines. Rechts davon steht der Aussichtsturm, vor ihm finden wir Bänke, einen Spielplatz und eine Grillstelle.

Interessant gestaltete Landschaft auf dem Raichberg

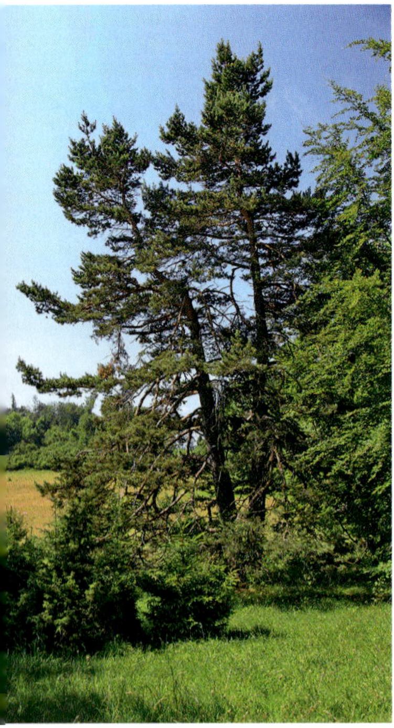

Nach dem Nägelehaus gehen wir geradeaus weiter. Wir kommen in die Wiesen, wo wir von den beiden Wegen den linken nehmen. Er führt uns in den Wald, wo er abfällt, danach führt er uns durch die Wiesen zu dem Feldweg, den wir noch vom Anfang her kennen. Links davon sehen wir bereits den Zollersteighof, unseren Ausgangspunkt.

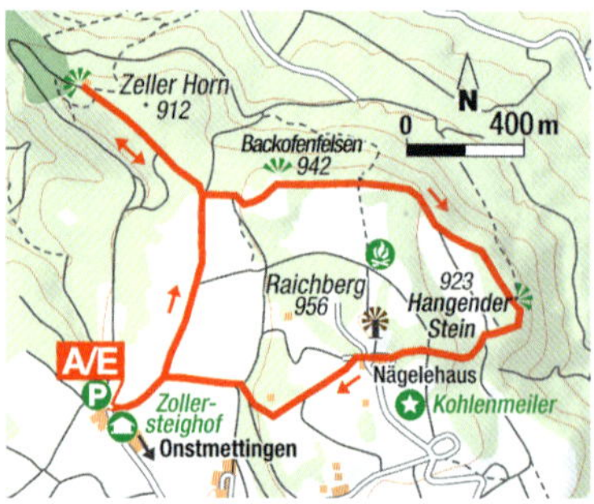

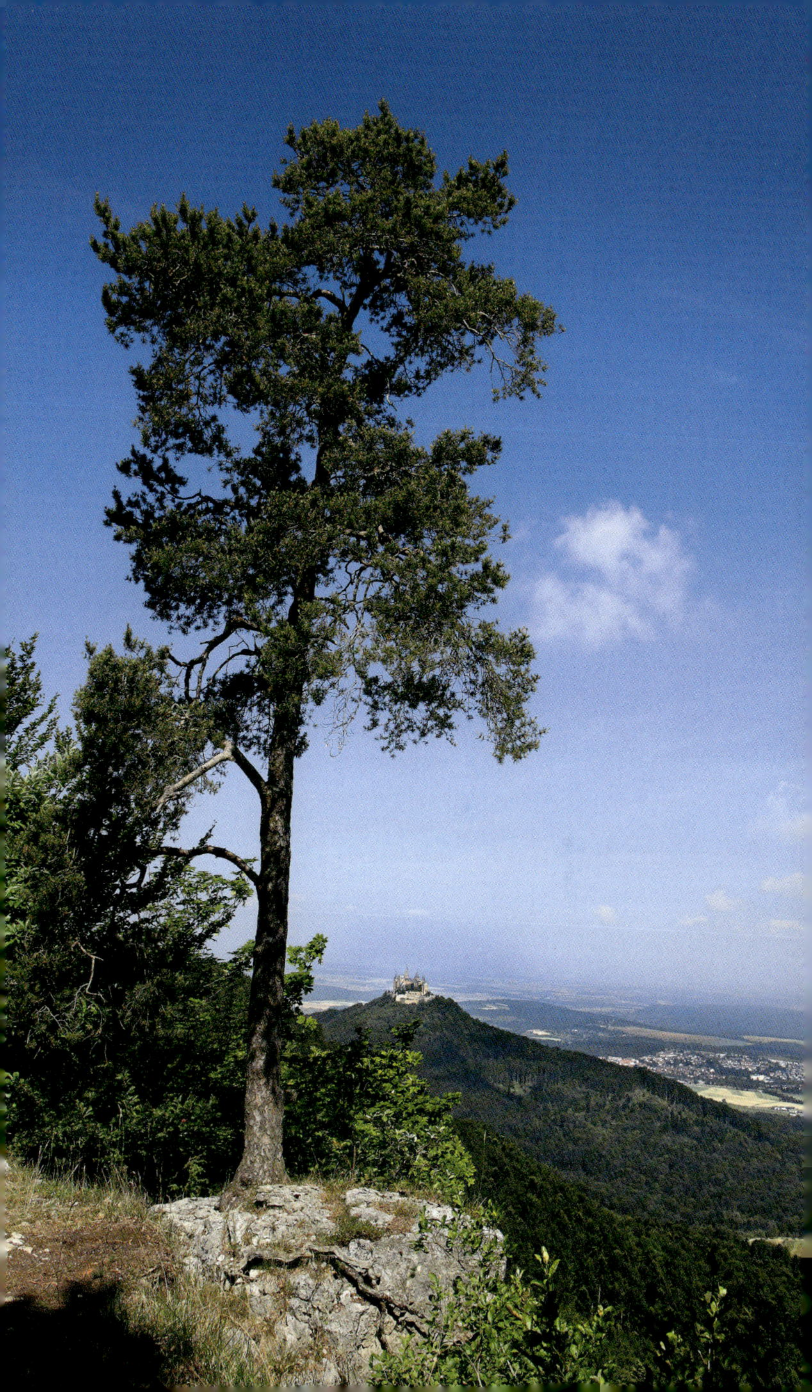

12 Von Meßstetten zum Tiergehege

Ausflugsziel für Jung und Alt

Leicht · 6,3 km · 80 Hm · 1.45 Std.

Tourencharakter: Wir spazieren auf asphaltierten Wegen. Der Höhenunterschied ist ohne den Gang durch das am Hang liegende Wildgehege gerechnet.

Ausgangs-/Endpunkt: Meßstetten, Parkplatz bei Ebinger Str. 11 (900 m)

Höchster Punkt: Nach Meßstetten (948 m)

Anfahrt: Auto: A 81 bis Ausfahrt Empfingen, dann auf der B 463 bis zur B 27 bei Bisingen. Weiter über Laufen an der Eyach nach Lautlingen. Dort links ab nach Meßstetten. GPS 48.181443, 8.963462. Ein alternativer Ausgangspunkt ist der große Parkplatz am Wildgehege. Bus & Bahn: Bahn über Tübingen bis Albstadt-Ebingen, dann Bus bis Meßstetten Rathaus.

Einkehr: Meßstetten, Kiosk im Wildgehege (geöffnet April–September bei gutem Wetter Sa und So)

Karte: Freizeitkarte F 526 Sigmaringen, 1:50 000 (LGL)

Informationen: www.wildgehege-messstetten.de

Das Wildgehege bei Meßstetten ist nicht nur für Kinder ein schönes Ausflugsziel. Man darf die Tiere sogar füttern – sie warten auch geradezu darauf, Futter zugeworfen zu bekommen. Zudem gibt es hier einen schönen Spielplatz.

Beim Parkplatz in Meßstetten biegen wir von der Hauptstraße/Ebinger Straße aus ab in die Hangergasse und gehen, vorbei am Museum für Volkskunde, bis zur querenden Gartenstraße. Ihr folgen wir leicht ansteigend nach links zur querenden Wildensteinstraße, dort geht es nach rechts weiter. Nach dem Gymnasium spazieren wir erst durch Wiesen, dann durch ein Waldstück. An der querenden Landstraße halten wir uns rechts.
Wir gehen auf dem Gehweg zur Kaserne, danach auf dem Sträßchen bis zum Wildgehege. Zurück nehmen wir den vom Wildgehege abgehenden Weg. Er ver-

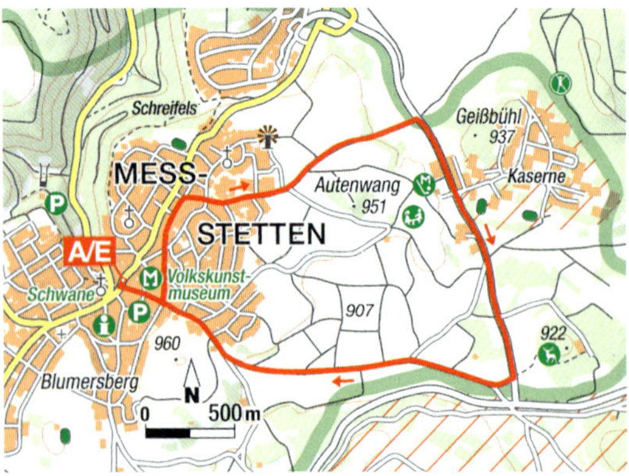

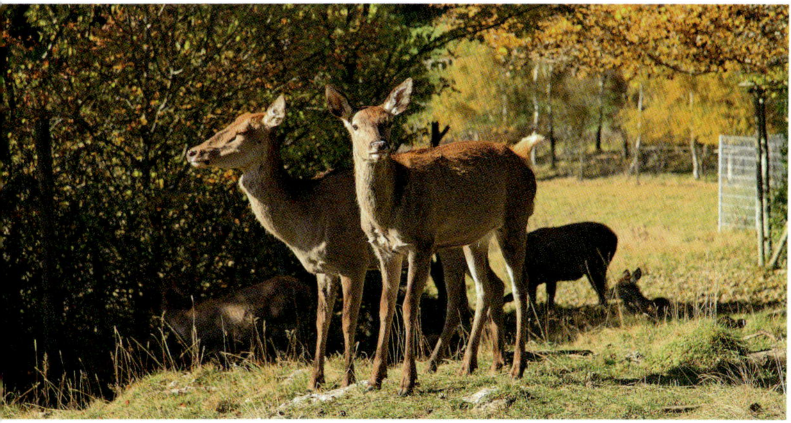

läuft erst eben durch die Wiesen, dann steigt er an zu den ersten Häusern. Nach dem Seniorenheim fällt er wieder. Wer am Wildgehege geparkt hat, folgt der querenden Gartenstraße nach rechts, wer zurück ins Zentrum von Meßstetten muss, spaziert noch kurz geradeaus bis zur Hauptstraße/Ebinger Straße.

Die Tierwelt im Wildgehege ist immer hungrig.

Füttern ist erlaubt, das Futter kann auf dem Gelände gekauft werden.

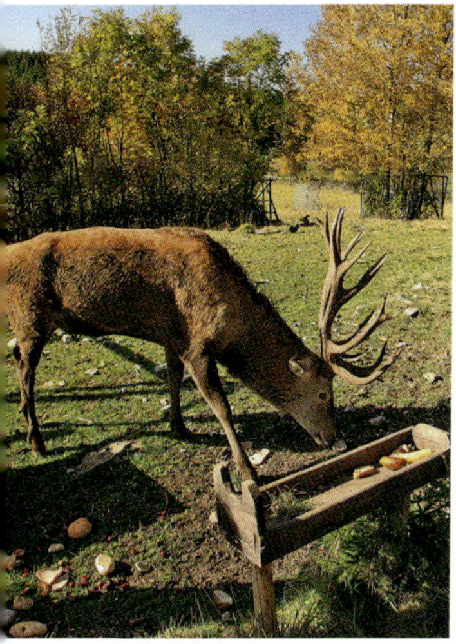

Wildgehege

Das frei zugängliche Wildgehege wird von ehrenamtlichen Kräften des Vereines Wildgehege gepflegt. Hier findet man Rot- und Damwild, Wildschweine, Hasen, Pfauen, Mufflons und Zwergziegen. Man hat spezielle Fütterungsstellen eingerichtet, das Futter kann man an Automaten kaufen. Der Weg durch das Gehege ist auch für Kinderwagen geeignet. Ein Waldlehrpfad informiert über die heimischen Baumarten, zudem gibt es einen Kinderspielplatz mit Grillstelle. 1978 wurde der Wildpark vom Ministerpräsidenten mit einem Hauptpreis als vorbildliche kommunale Bürgeraktion ausgezeichnet. Geöffnet April bis Oktober.

13 Durchs Donautal von Beuron zum Knopfmacherfelsen

Kloster und Aussicht

Mittel | 8,8 km | 200 Hm | 2.30 Std.

Tourencharakter: Wir wandern auf festen Wegen und Pfaden, nach dem Knopfmacherfelsen am ungesicherten Steilabfall.

Ausgangs-/Endpunkt: Beuron, Parkplatz vor der Klosteranlage (610 m)

Höchster Punkt: Nach dem Knopfmacherfelsen (755 m)

Anfahrt: Auto: B 27 bis Balingen, dann kurz B 463, abzweigen zum Lochenpass und über Tieringen, Nusplingen und Bärenthal ins Donautal nach Beuron. Parkplatz gebührenpflichtig, kostenlos parken am ehemaligen Bahnhof beim Haus der Natur des Naturparkes Obere Donau, Wolterstraße. GPS 48.053130, 8.967735; Bus & Bahn: Bahn bis Beuron

Einkehr: Beuron, Jägerhaus, Knopfmacherfelsen

Karten: Wanderkarte W 251 Albstadt, 1:25 000 (LGL und Schwäbischer Albverein e.V.), Wanderkarte mit Radwegen Oberes Donautal, Blatt 51-532, 1:25 000 (NaturNavi)

Informationen: www.beuron.de, www.naturpark-obere-donau.de

Nach einem gemütlichen Auftakt im idyllischen Donautal, durch das wir eben bis zur Gaststätte Jägerhaus spazieren, geht es steil hinauf zum aussichtsreichen Knopfmacherfelsen. Gemütlich bergab gehend erreichen wir Beuron wieder; nun kann man einkehren oder die Kirche besuchen.

Vom Wanderschild »Klosterparkplatz (610 m)« am Parkplatz aus folgen wir den Wanderzeichen rotes Dreieck, Rundwanderweg und Donauberglandweg in Richtung Jägerhaus in die Flussauen.

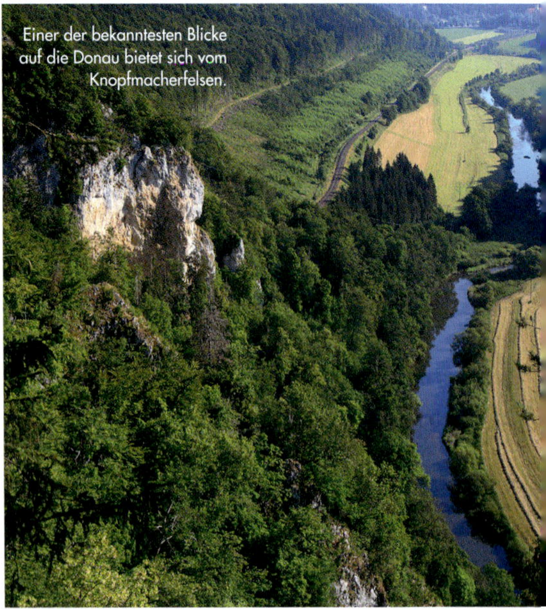

Einer der bekanntesten Blicke auf die Donau bietet sich vom Knopfmacherfelsen.

Wir gehen bis zu einer Verzweigung an der Klostermauer, hier weist uns das Schild nach rechts. Nach der Bahnbrücke und dem Schild »Donau (608 m)« wandern wir immer am Fluss entlang.

Beim Jägerhaus gehen wir nach rechts hinab zum Fluss und überqueren ihn. Über die Wiese kommen wir zum Schild »Jägerhausweg West (621 m)« links am Waldrand, dort halten wir uns links zum Knopfmacherfelsen. Danach kommen wir in den Wald, wo wir dem Pfad nach rechts folgen. Im Zickzack erreichen wir einen breiten Forstweg, der uns nach rechts zum Parkplatz am Knopfmacherfelsen bringt. Nun gehen wir nach rechts hinaus zum Knopfmacherfelsen.

Danach folgen wir dem mit der roten Gabel am Steilabfall entlangführenden Pfad nach Beuron. An einem Grillplatz zieht der Pfad nach rechts zum Schild »Schanze (767 m)«. Bergab gehend kommen wir zum Schild »Eichhalde (684 m)«. Ein Abstecher führt zum Soldatenfriedhof und zu einem Pavillon, von dem wir eine prächtige Aussicht haben.

Weiter bergab gehend kommen wir ins Tal und wandern parallel zur Donau weiter. Beim ersten Haus von Beuron gehen wir durch die gedeckte Holzbrücke nach rechts zurück zum Parkplatz.

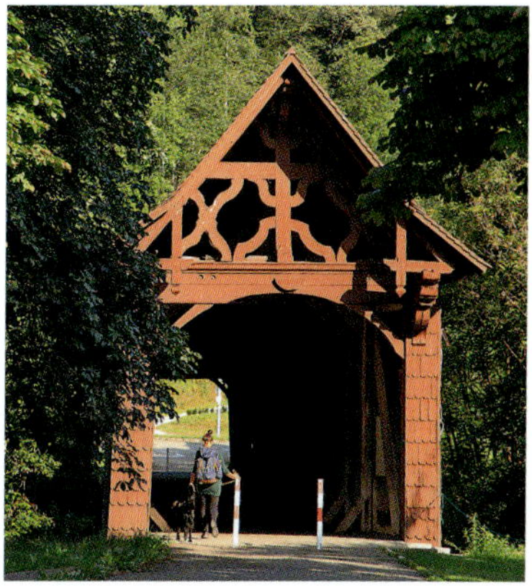

Für die Benützung dieser alten gedeckten Holzbrücke musste früher Maut bezahlt werden. Der Tarif ist noch angeschlagen.

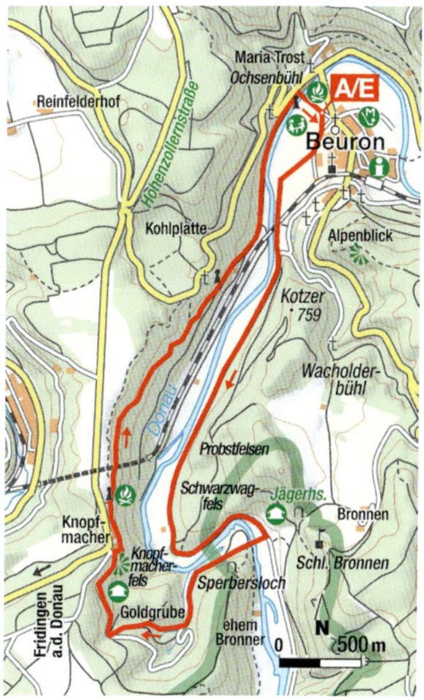

14 Viel Natur im geschichtsreichen Inzigkofen

Residenz der Fürstin

Leicht	5,1 km	100 Hm	1.30 Std.

Tourencharakter: Wir wandern auf Pfaden und festen Wegen. An den Steilabstürzen sollte man gut auf Kinder aufpassen. Führungen durch das Kloster und das Klostermuseum nach Anmeldung (Tel. 07571/7398-0).

Ausgangs-/Endpunkt: Inzigkofen, Parkplatz in der Straße Nickhof nach dem ehemaligen Bahnhof Inzigkofen an der L277 (596 m)

Höchster Punkt: Vor der Klostermauer (640 m)

Anfahrt: Auto: B27 bis Balingen, dann B463 über Albstadt nach Sigmaringen, dort rechts ab ins Donautal in Richtung Beuron. GPS 48.079065, 9.167815; Bus & Bahn: Bahn bis Sigmaringen, Hausen i. T. oder Tuttlingen, weiter mit dem Bus

Einkehr: Inzigkofen

Karten: Freizeitkarte F526 Sigmaringen, 1:50 000 (LGL); Wanderkarte mit Radwegen Oberes Donautal, Blatt 51-532, 1:25 000 (NaturNavi)

Informationen: www.inzigkofen.de

Bei dieser Tour gehen Natur, Kultur und Geschichte eine interessante Verbindung ein. Sehenswert sind die mächtigen Grotten und Felsen, das aussichtsreiche Känzele, die Teufelsbrücke, der Amalienfels, der Kräutergarten und das Bauernmuseum.

Am Parkplatz folgen wir mit den Zeichen rotes Dreieck und dem Premiumwanderweg Kloster-Felsenweg dem dort abgehenden Weg in Richtung Känzele. Nach dem Grillplatz zweigen wir mit dem roten Dreieck links auf einen Pfad ab. Er trifft wieder auf den breiten Weg, hier sehen wir das Wanderschild »Unterm Känzele (585 m)«. Ihm folgen wir auf einem Pfad steil aufwärts. Schließlich kommen wir zu einer Verzweigung beim Schild »Inzigkofen Grotten (610 m)«. Hier gehen wir geradeaus weiter auf das Felsentor zu, umgehen es aber, indem wir gleich darauf rechts abzweigen. Kurz darauf sind wir bei den mächtigen Grotten.

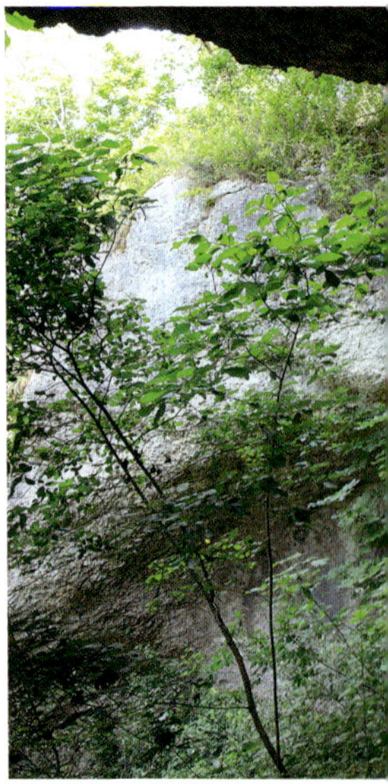

Dahinter geht es nach links zum Aussichtspunkt Känzele. An schönen Sommertagen kommen hier immer

wieder Kanus vorbei. Danach nehmen wir von den beiden rechts abgehenden Wegen den rechten. Nach etwas Anstieg verlassen wir den Wald. Danach wandern wir in der Lindenallee geradeaus weiter bis zu einem Asphaltsträßchen. Dort folgen wir dem links der Klostermauer verlaufenden Schotterweg, der uns durch eine weitere Baumallee führt. Bald betreten wir die Klosteranlage durch ein Tor in der mächtigen Klostermauer.

Hier sollten wir uns ein wenig umsehen. Interessant sind insbesondere der Kräutergarten, zu dem ein Schild nach rechts weist, das Bauernmu-

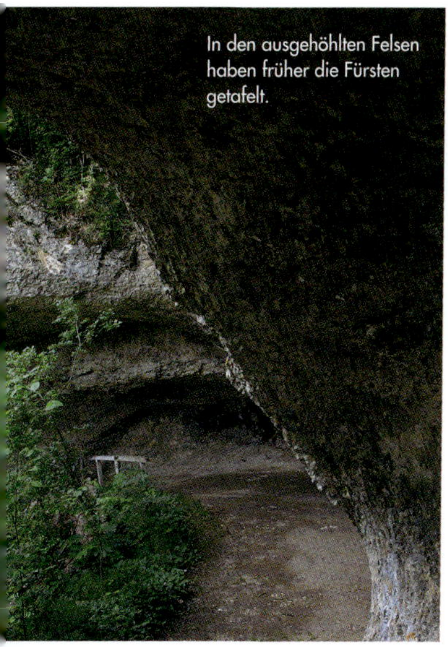

In den ausgehöhlten Felsen haben früher die Fürsten getafelt.

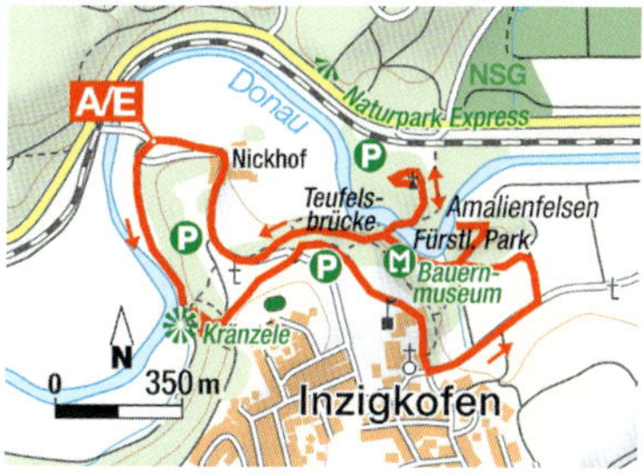

Der Amalienfels scheint aus der Donau emporzuwachsen.

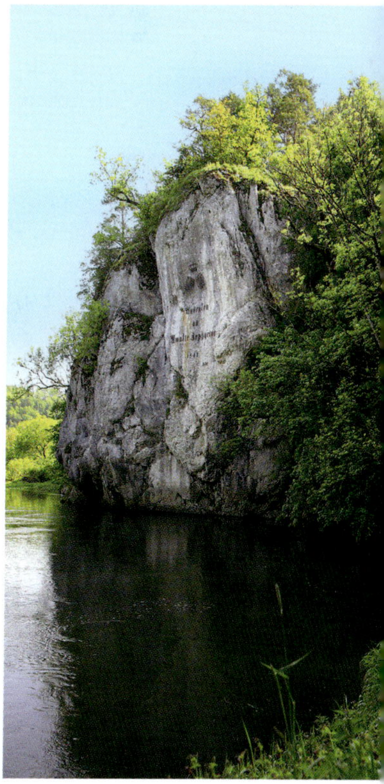

seum danach und die Kirche. Links der Kirche am Schild »Kloster Inzigkofen (609 m)« biegen wir links ab und wandern etwas bergab. Es geht an der Kläranlage vorbei, dann biegen wir links ab und kommen zu einer Verzweigung beim Schild »Amalienfelsen Südost (586 m)«. Wir folgen dem nach links ziehenden Weg zum Waldrand mit dem Schild »Amalienfelsen (580 m)«.

Nun machen wir nach rechts einen Abstecher zum Amalienfelsen. Der Pfad zieht sanft nach oben, nach einem Linksknick begleitet uns wieder die Lindenallee. Bald erreichen wir den Amalienfelsen, von dem man eine schöne Sicht hinab zur Donau hat. Danach gehen wir wieder zurück zum Schild »Amalienfelsen (580 m)«. Die Wiese vor uns ist die Steinwiese, die schon dem fürstlichen Paar und anderen Hoheiten früher als Picknickplatz diente.

Um die Teufelsbrücke rankt sich eine alte Sage.

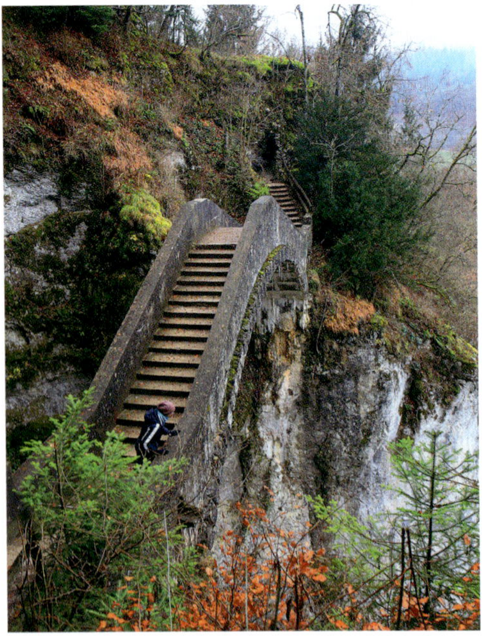

Hier haben wir zwei Möglichkeiten, um zum nächsten Ziel, der Teufelsbrücke, zu kommen. Der bequemere, aber etwas weitere Weg führt nach links, später nach rechts weiter. Steiler, aber kürzer und vor allem abenteuerlicher ist der rechte Weg. Er verläuft anfangs parallel zur Donau. Wenn wir zurückblicken, haben wir einen schönen Blick auf den Amalienfelsen mit der dort angebrachten Schrift »Amalie Zephyrine«.

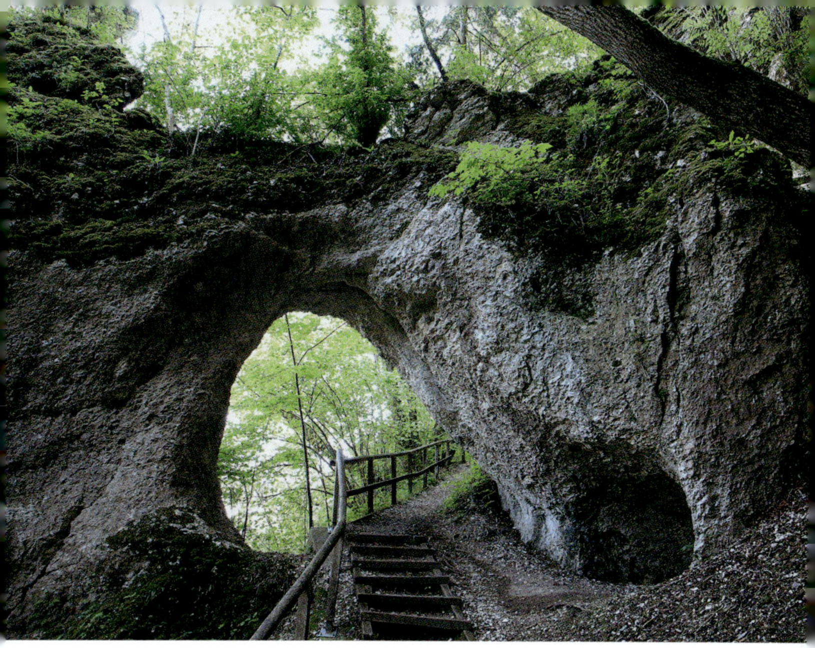

Danach stoßen wir auf einen querenden Weg beim Schild »Amalienfels (575 m)« und halten uns rechts. Gleich darauf führt die Hängebrücke nach rechts in den Parkabschnitt mit der Eremitage. Wer will, kann sich dort ein wenig umsehen, kehrt aber wieder hierher zurück.

Danach steigt der Weg steil an. Es geht immer noch parallel zur Donau, aber hoch über ihr. Am Schluss dieses Steilabschnittes erreichen wir einen querenden Weg. Links sehen wir das Schild »Bei der Teufelsbrücke (603 m)«. Hier biegen wir rechts ab und überqueren bald die Teufelsbrücke.

Nach einem Felsentor kommen wir zu einem mächtigen Felsen mit dem Schild »westlich Teufelsbrücke (617 m)«. Wir folgen dem Pfad weiter geradeaus, halten uns an einer Verzweigung rechts und stoßen bald auf ein Sträßchen. Ihm folgen wir nach rechts bergab. Wir durchqueren den Nickhof und erreichen nach weiterem Bergab wieder unseren Ausgangspunkt.

Am Anfang der Tour wandert man durch ein Gebiet mit mächtigen Felsen.

15 Rundtour ab dem Freilichtmuseum Beuren

Streuobstwiesen, Aussicht und Bauernhäuser

Leicht | 5,9 km | 80 Hm | 1.30 Std.

Tourencharakter: Leichte Tour auf meist festen Wegen mit geringen Höhenunterschieden

Ausgangs-/Endpunkt: Beuren, Parkplatz Freilichtmuseum (481 m)

Höchster Punkt: Am Schluss oben am Sattel beim Engelberg (489 m)

Anfahrt: Auto: A 8 bis Ausfahrt Kirchheim/Teck, dann auf der B 465 durch das Lenninger Tal bis Owen, dort nach rechts zum Freilichtmuseum. GPS 48.574207, 9.412373; Bus & Bahn: Bahn über Kirchheim/Teck nach Oberlenningen oder Bahn nach Nürtingen, weiter mit dem Bus

Einkehr: Freilichtmuseum, Beuren

Karte: Wanderkarte Kirchheim unter Teck, 1:25 000 (LGL und Schwäbischer Albverein e.V)

Informationen: www.hochgehberge.de, www.beuren.de

Hinweis: Nach der Tour kann man sich das Freilichtmuseum am Ausgangsort ansehen oder im Thermalbad in Beuren entspannen.

Dieser Premiumweg führt uns durch Streuobstwiesen, was insbesondere zur Blütezeit ein wunderbares Erlebnis ist. Wir haben immer wieder einen Blick über die Landschaft und zu den Ruinen Hohenneuffen und Teck.

Vom Wanderschild »Parkplatz Freilichtmuseum (481 m)« gehen wir zu den letzten Parkplätzen. Danach zweigen wir am Schild »südwestlich Pfingstweide (471 m)« rechts ab und kommen zum Schild »Weileracker (435 m)«. Wir biegen links ab, überqueren beim Schild »westlich Moosbach (444 m)« ein Sträßchen und gehen zum Wald. Dort folgen wir einem unbefestigten Weg am Zaun entlang, danach knickt der Weg links ab. Nach dem Wald gehen wir nach links zur Rechtskurve. Am Schild »nordwestlich Greislach (439 m)« wandern wir geradeaus weiter.

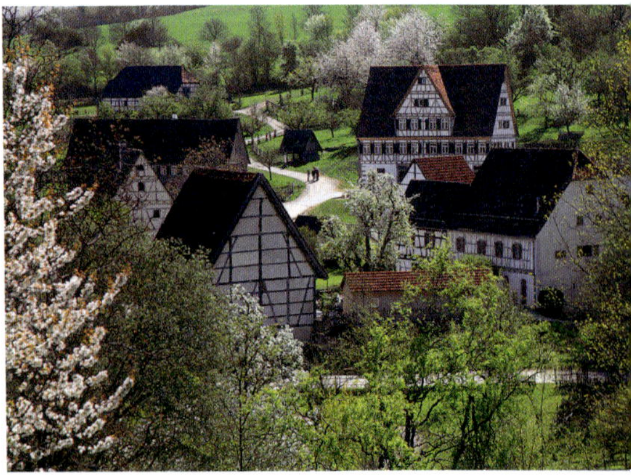

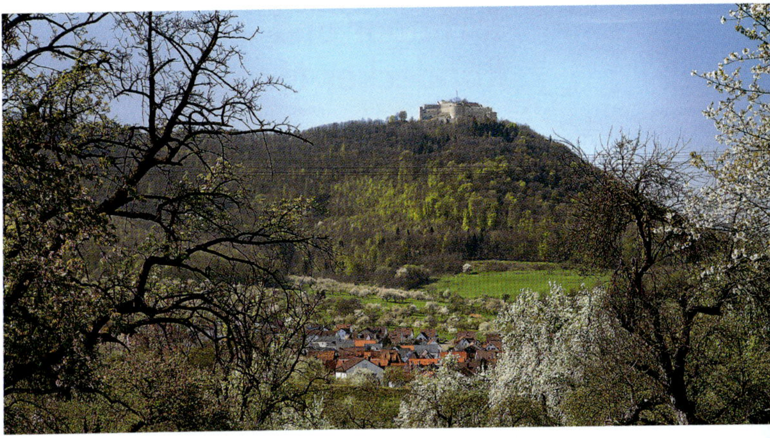

Blick vom Freilichtmuseum auf die Ruine Hohenneuffen

Bald kann man einen Abstecher zum idyllischen Blumentobel-See (425 m) machen. Vorbei an der Blumentobel-Hütte kommen wir zur Straße und folgen ihr kurz. Dann biegen wir rechts ab und wandern an der Breitenlau-Hütte vorbei. Am Waldrand orientieren wir uns links. Wo der Wald rechts aufhört, biegen wir links ab. Nach einem Querweg geht es unbefestigt weiter. Mit einem Links-, dann einem Rechtsknick wandern wir zu einem Sträßchen. Etwas rechts davon sehen wir den Wanderparkplatz Zwetschgenwäldle. Wir orientieren uns links, werden aber bald nach rechts verwiesen. Nach einem Linksknick kommen wir hinauf vor den Hügel Engelberg. Uns links haltend umrunden wir den bewaldeten Hügel. Wo die Bäume links des Weges aufhören, haben wir einen weiten Blick über die Landschaft. Nun biegen wir rechts ab und wandern auf einem Wiesenweg bis oberhalb des Sträßchens beim Freilichtmuseum. Wir gehen nach rechts hinab zu dem Sträßchen und spazieren nach rechts zurück zum Ausgangspunkt.

Linke Seite: Das Freilichtmuseum Beuren ist von dicht bewachsenen Streuobstwiesen umgeben.

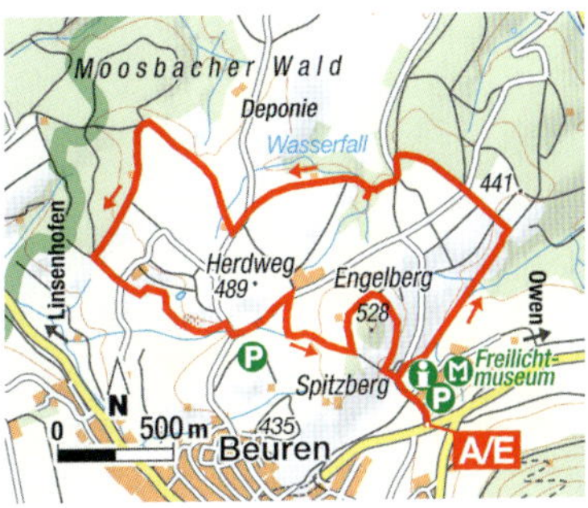

16 Torfmoor und Randecker Maar

Vulkane auf der Schwäbischen Alb

Mittel | 8,3 km | 100 Hm | 2.10 Std.

Tourencharakter: Die Wanderung verläuft auf festen Wegen.

Ausgangs-/Endpunkt: Lenningen, Otto-Hoffmeister-Haus (755 m)

Höchster Punkt: Nach dem Kreuzstein und hinter der L 1212 (801 m)

Anfahrt: Auto: A 8 bis Ausfahrt Kirchheim/Teck, dann kurz auf der B 465 ins Lenningertal. Links ab und vorbei an Weilheim und über Ochsenwang in Richtung Schopfloch. GPS 48.562804, 9.525228; Bus & Bahn: S-Bahn bis Kirchheim/Teck, weiter mit dem Bus bis Ochsenwang, Haltestelle Bissinger Straße oder Schopfloch Torfgrube (www.vvs.de)

Einkehr: Ochsenwang, Otto-Hoffmeister-Haus

Karte: Wanderkarte Kirchheim unter Teck, 1:25 000 (LGL und Schwäbischer Albverein e.V)

Informationen: www.bissingen-teck.de, www.lenningen.de

Die beiden Ziele dieser Wanderung haben ihren Ursprung dem sogenannten Uracher oder Schwäbischen Vulkan zu verdanken. Zudem bietet uns das Randecker Maar einen sensationellen Fernblick und das Torfmoor ist eine Seltenheit auf der Alb.

Wir gehen vom Wanderparkplatz Torfmoor nach Süden. Nach der Gaststätte liegt rechts das Torfmoor, durch das wir am Ende der Tour kommen. Vorbei an einigen großen Dolinen wandern wir zu einer Kreuzung und dem Kreuzstein. Hier biegen wir links ab, überqueren kurz danach die Landstraße und folgen gleich dem Weg nach links abwärts.

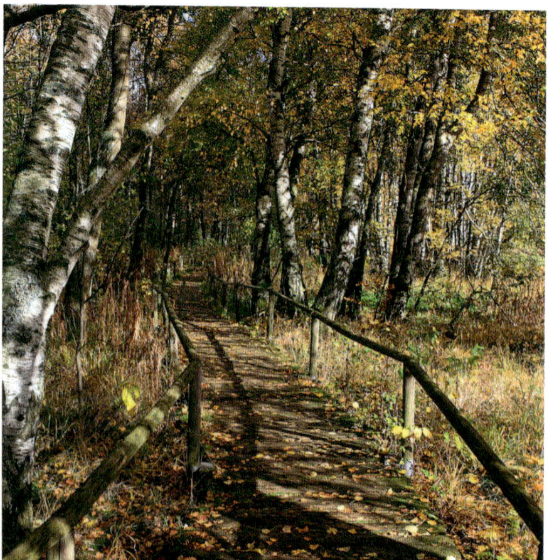

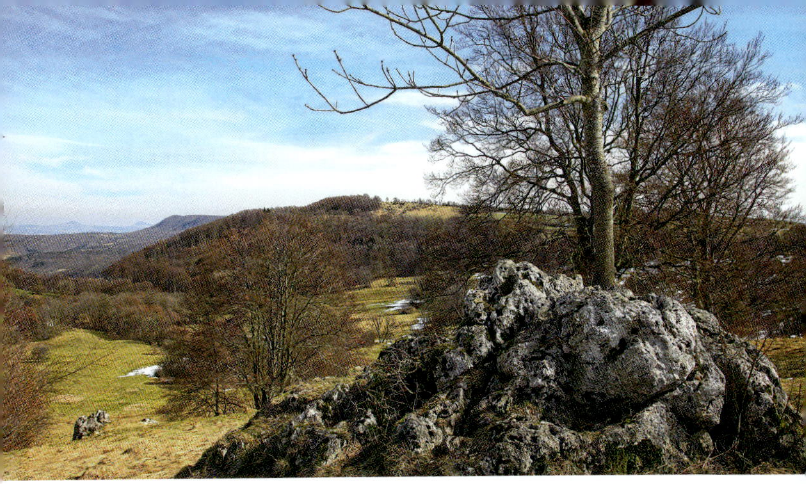

Blick ins Randecker Maar, einen alten Vulkanschlot

Am Parkplatz nach dem Wald halten wir uns rechts, am Parkplatzende links. Zuerst geht es am Waldrand entlang, und wo der Radweg nach rechts abwärtszieht, gehen wir auf dem Weg links davon geradeaus weiter. Unser Weg bleibt auf der Höhe, zieht dann etwas nach rechts und fällt ab zu einem festen Weg. Auf ihm gehen wir nach links zur L1212. Wir biegen links ab, durchqueren die Ziegelhütte und befinden uns danach am oberen Rand des Randecker Maars. Vorbei am Salzmannstein und mit herrlichem Blick kommen wir zur K1250. Auf ihrer linken Straßenseite gehen wir nach rechts bis Ochsenwang. Dort biegen wir links ab in den Bühlweg, halten uns aber gleich links. Links des Weges sehen wir nach einiger Zeit ein großes Gehölz, das bekannte Torfmoor. Ein unbefestigter Pfad führt uns dorthin. Wir kommen vor dem Wäldchen an einem Tümpel vorbei, dann durchqueren wir auf einem Bohlenweg das Moor. Danach gehen wir nach links, an der Gaststätte vorbei zurück zum Ausgangspunkt.

Linke Seite: Durch das Torfmoor führt ein Bohlenweg.

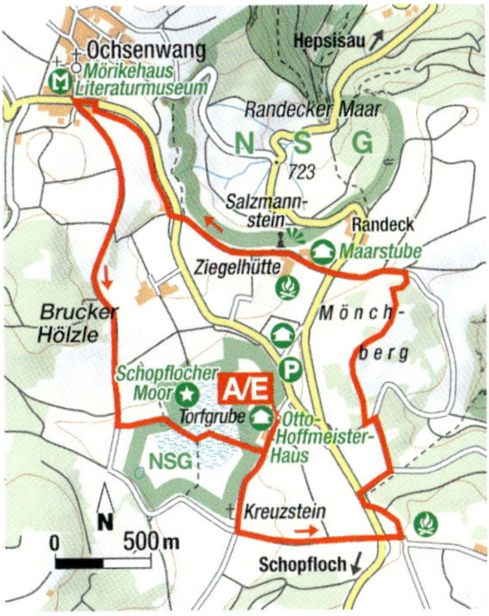

17 Erkenbrechtsweiler, die Felsen und der Heidengraben

Aussicht und Erinnerungen an die Kelten

Mittel | 7,7 km | 280 Hm | 2.30 Std.

Tourencharakter: Bis auf einen steilen Ab-, dann wieder Anstieg eine gemütlich zu gehende Tour

Ausgangs-/Endpunkt: Erkenbrechtsweiler, Parkplatz Bassgeige (716 m)

Höchster Punkt: Nach dem Schild »Hörnlesgehau Ost« (731 m)

Anfahrt: Auto: A 8 bis Ausfahrt Kirchheim/Teck, dann auf der B465 bis Owen. Dort nach rechts in Richtung Owen und am Freilichtmuseum Beuren links ab. Der Parkplatz liegt vor dem Ort. GPS 48.563054, 9.434526; Bus & Bahn: S-Bahn bis Kirchheim/T, Bahn bis Oberlenningen, dann Bus bis Erkenbrechtsweiler Haltestelle Untere Straße.

Einkehr: Erkenbrechtsweiler

Karten: Wanderkarte Kirchheim unter Teck, 1:25 000 (LGL und Schwäbischer Albverein e.V.); Wanderkarte mit Radwegen Reutlingen Bad Urach, Blatt 52-538, 1:25 000 (NaturNavi)

Informationen: www.hochgehberge.de, www.erkenbrechtsweiler.de

Wir folgen dem Premiumwanderweg »hochgehlegen« der »hochgehberge« zu verschiedenen Aussichtsfelsen. Von ihnen sieht man nach Beuren, zum Hohenneuffen, zum Freilichtmuseum, zur Teck und ins Lenninger Tal.

Wir folgen vom Parkplatz aus dem Anfahrtsweg. Er zieht nach links und durchquert den noch gut zu erkennenden Heidengraben. Danach kommen wir zum Wanderschild oberhalb des Parkplatzes Bassgeige (721 m). Hier nehmen wir an der Verzweigung den linken, geradeaus weiterführenden Weg. Rechts ginge es zum Waldrand mit dem Grillplatz am Burgwald. Wer diese Variante nimmt, geht dann am Waldrand nach links und stößt wieder auf den unteren Weg.

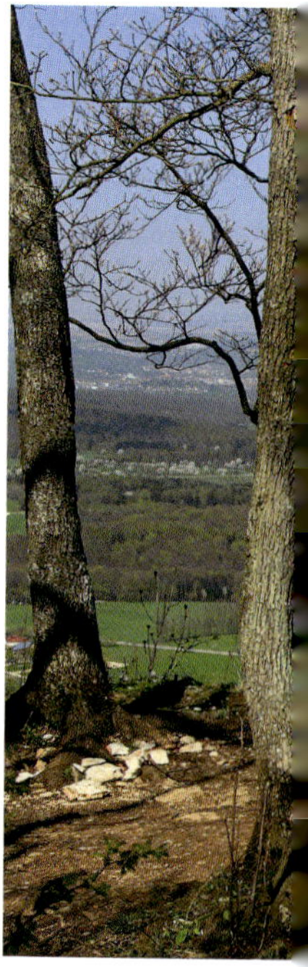

Wenn man geradeaus weiterwandert, kommt man am Schild »südöstlich Hörnlesgehau (722 m)« vorbei, danach erreichen wir das Schild »Hörnlesgehau Süd (722 m)«. Hier biegen wir rechts ab in den unbefestigten Hörnleshauweg. Auf ihm gehen wir bis zum Trauf, wo der Weg am Schild »Hörnlesgehau Ost (724 m)« nach links zieht. Am Schild »Schlupffels Ost (719 m)«

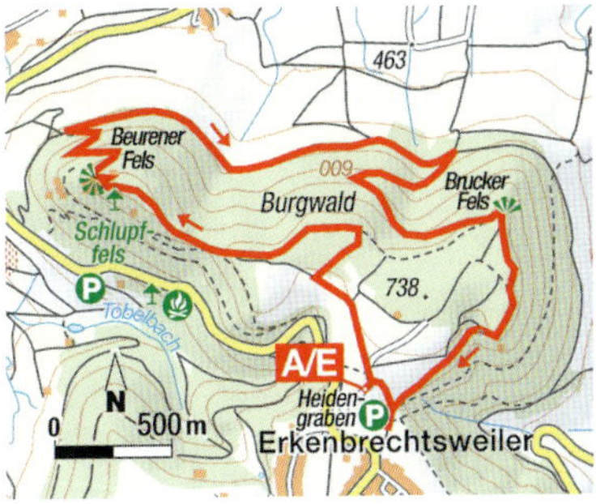

treffen wir wieder auf den festen Weg, dem wir nach rechts folgen. Es geht hinab in einen Sattel, dann wieder hinauf. Vorbei am Schild »Schlupffels West (710 m)« und dem links liegenden Felsen kommen wir zur Beurener Fels-Hütte (721 m), danach zum Schild »Beurener Fels (715 m)«. Hier gehen wir später nach rechts, zuerst gehen wir aber noch kurz geradeaus weiter zum Beurener Fels. Von dort haben wir einen herrlichen Blick auf Beuren, zur Ruine Hohenneuffen, in das Albvorland und zum Freilichtmuseum.

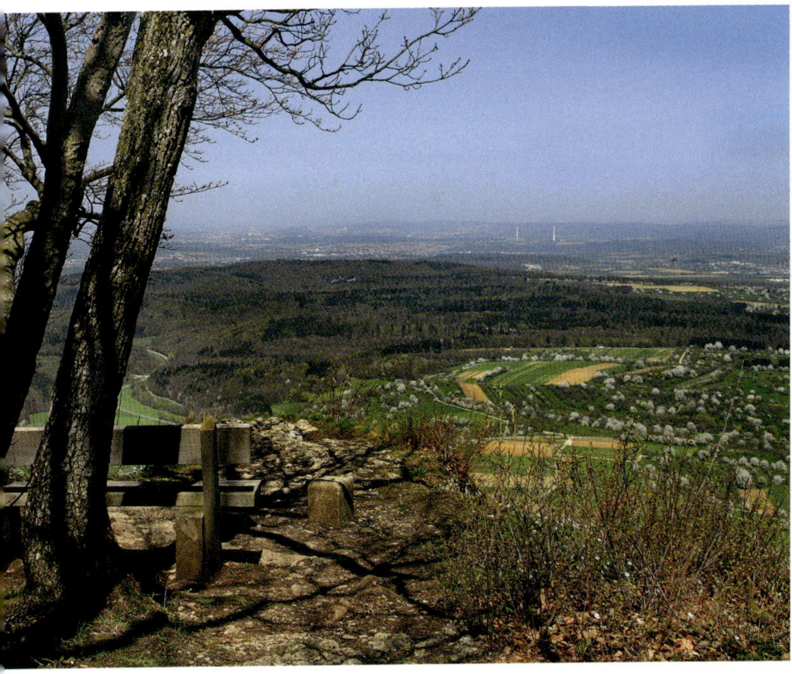

Blick vom Brucker Fels ins Albvorland

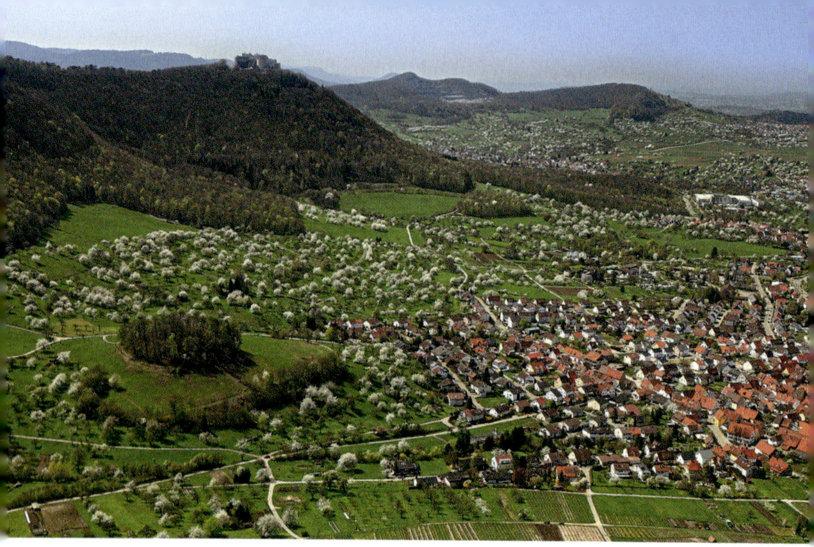

Blick vom Beurener Fels zur Ruine Hohenneuffen

Danach gehen wir kurz zurück und halten uns am Schild links. Nun geht es in Serpentinen und teilweise steil hinab zu einem querenden Weg. Hier biegen wir am Schild »Beurenberg Nordost (557 m)« rechts ab. Nun wandern wir eine ganze Weile gemütlich und eben auf einem breiten Waldweg. Am Schild unterhalb Kommunberg (534 m) wandern wir noch geradeaus weiter, kurz danach zweigen wir aber am Schild »südöstlich Ameisenwinkel (539 m)« rechts ab. Nun steigt der Weg wieder an.

Oben auf der Albhochfläche halten wir uns an dem querenden Pfad links und erreichen gleich darauf den Brucker Fels. Er bietet uns einen Blick auf die Ruine Teck, hinab ins Lenninger Tal und hinaus ins Albvorland.

Nun biegen wir rechts ab, jetzt begleitet uns außer dem Zeichen der hochgehberge noch das Wanderzeichen rotes Dreieck.

Gleich darauf sehen wir zwei Wälle – Reste früherer Gebäude. Sie sind auf einer Tafel erklärt. Wir folgen immer dem Pfad, der am Trauf entlangführt. Ab und zu haben wir nach links einen Blick hinab ins Lenninger Tal und zur Teck, am schönsten vom Friedrichsfels. Es geht mit leichtem Auf und Ab auf dem Pfad weiter durch den Wald und vorbei am Halsenbrünnele, bis wir beim Schild »nördlich Weiler Steig (721 m)« auf den breiten Halsenhauweg stoßen. Wir halten uns links, gehen aber gleich darauf am Schild »nördlich Weilersteig (719 m)«, wo der breite Weg nach rechts zieht, am Waldrand entlang geradeaus weiter.

Rechts sehen wir kurz darauf den Heidengraben. Unten stoßen wir auf das Schild »Heidengraben Nord (696 m)«. Hier biegen wir rechts ab und steigen auf dem breiten Weg nach rechts hoch zum Ausgangspunkt. Vorher gehen wir aber noch kurz geradeaus weiter zum rekonstruierten Zangentor.

Die ehemalige Verteidigungsmauer ist zu Anschauungszwecken teilweise wiederaufgebaut.

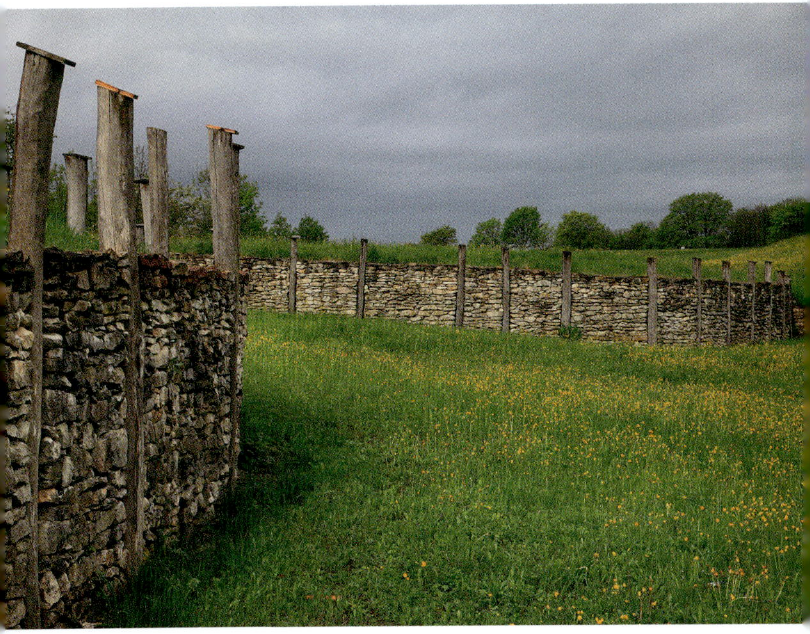

18 Vom Burrenhof zum Hohenneuffen

Geologie, Kelten und eine Burgruine

Mittel | 4,7 km | 70 Hm | 1.30 Std.

Tourencharakter: Wanderung auf festen Wegen und Pfaden

Ausgangs-/Endpunkt: Parkplatz Burrenhof (714 m)

Höchster Punkt: Nach der Schanze (735 m)

Anfahrt: Auto: A8 bis Kirchheim/T., B465 nach Owen, rechts Richtung Beuren. Am Freilichtmuseum links, über Erkenbrechtsweiler zum Burrenhof. GPS 48.537735, 9.411578. Ausweichparkplatz unter der Ruine Hohenneuffen. Wanderzeichen rotes Dreieck bis zum Schild »Bei der Schanze«, wo man den hier beschriebenen Wanderweg erreicht; Bus & Bahn: S-Bahn bis Kirchheim/T., Bahn bis Unterlenninngen, Bus bis Erkenbrechtsweiler, Burrenhof

Einkehr: Burrenhof, Ruine Hohenneuffen

Karten: Wanderkarte Kirchheim unter Teck, 1:25 000 (LGL und Schwäbischer Albverein e.V.); Wanderkarte Reutlingen Bad Urach, Blatt 52-538, 1:25 000 (NaturNavi)

Informationen: www.hochgehberge.de, www.neuffen.de

Die Geologie in der Überschrift bezieht sich auf den Gustav-Ströhmfeld-Weg mit seinen Infotafeln. Dieser Premiumweg »hochgehsiedelt« führt zudem zum Heidengraben, zu Grabhügeln, einer historischen Schanze und zur Ruine Hohenneuffen.

Wir folgen dem asphaltierten Weg, der von der Straße in westlicher Richtung von dieser wegzieht. Am Waldrand machen wir einen Abstecher zur »Brille«. Danach gehen wir wieder etwas zurück und betreten am Schild »Heidengraben« den Wald. Vorbei am Wall des Heidengrabens kommen wir zur Blauer Rank-Hütte. Wir biegen rechts ab und spazieren durch die Wiesen zu einem Gehölz. Dort biegen wir links ab und folgen der Beschilderung in den Wald. Etwas später führt ein Abstecher nach rechts zum Molachsee. Weiter aufwärtsgehend kommen wir zum Startplatz der Gleitschirmflieger, wo wir eine weite Aussicht haben. Etwas später erreichen wir eine Wiese mit dem Schild »Bei der Schanze«. Hier treffen die Wanderer ein, die vom Parkplatz Hohenneuffen kommen; wahlweise kann man

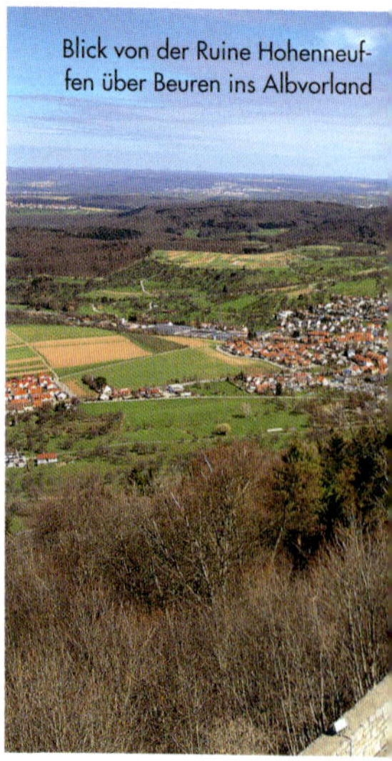

Blick von der Ruine Hohenneuffen über Beuren ins Albvorland

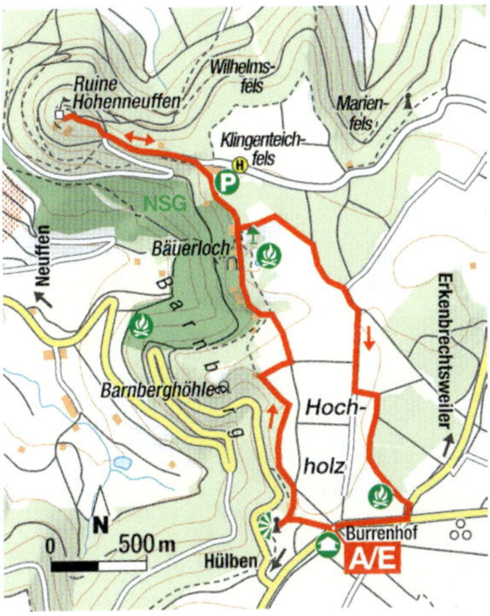

hier einen Abstecher zur Ruine Hohenneuffen machen (2,8 Kilometer, 60 Höhenmeter und 1 Stunde mehr). Dazu geht man geradeaus weiter zum Parkplatz und hält sich danach links. Ansonsten biegen wir rechts ab und wandern zum Waldrand. Dort biegen wir rechts ab. Einem querenden Weg folgen wir geradeaus. Nach dem Wald stoßen wir auf eine mächtige Esche. Hier biegen wir rechts ab.

Wir wandern nun, bis wir auf einem geschotterten Weg nach links zum Waldrand gehen können. Vor dem Wald biegen wir rechts ab und gehen immer am Trauf entlang bis zur K1262. Hier halten wir uns rechts, gleich danach vor der K1263 noch einmal. Vorbei am Burrenhof geht es zum Ausgangspunkt.

In den Feldern kann man unter diesem mächtigen Baum rasten.

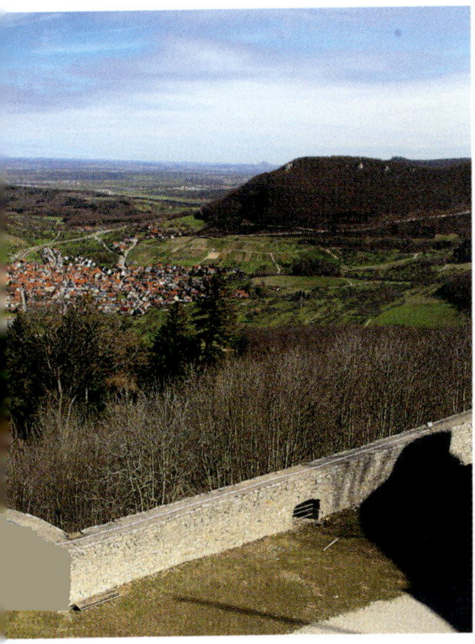

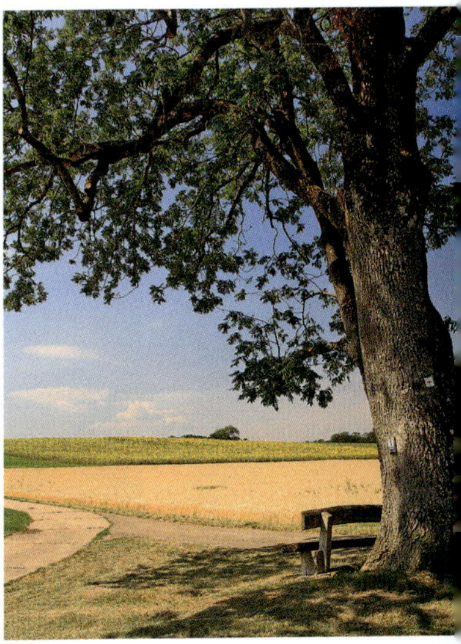

19 Vom Bahnhöfle zum Heimenstein

Wo der Riese Heim zum Reußenstein schaute

Mittel | 6,4 km | 130 Hm | 1.45 Std.

Tourencharakter: Man wandert auf guten Wegen, auch der Teil auf einem Pfad zum Heimenstein kann auf einem Forstweg umgangen werden.

Ausgangs-/Endpunkt: Schopfloch, Wanderparkplatz Bahnhöfle (709 m)

Höchster Punkt: Oberreute (827 m)

Anfahrt: Auto: A 8 bis Ausfahrt Kirchheim/Teck, dann über Ochsenwang bis kurz vor Schopfloch, dort links ab in Richtung Reußenstein. Vorher noch liegt links der Parkplatz. GPS 48.552066, 9.559732; Bus & Bahn: Keine Verbindung

Karten: Wanderkarte W 238 Metzingen, 1:25 000 (LGL und Schwäbischer Albverein e.V.); Wanderkarte mit Radwegen Göppingen Kirchheim unter Teck, Blatt 54-539, 1:25 000 (NaturNavi)

Informationen: www.neidlingen.de,

Hinweis: In der Nähe liegt das Naturschutzzentrum Schopfloch mit einer Ausstellung zur Natur der Alb (www.naturschutzzentrum-schopfloch.de).

Der Heimenstein ist zusammen mit der Ruine Reußenstein Ort einer Sage. Auf dem Weg zu diesem Felsen haben wir immer wieder eine prächtige Aussicht über die Albhochfläche, zum Torfmoor, ins Neidlinger Tal und zur Ruine Reußenstein.

Wir gehen zur Straße und biegen dort rechts ab auf den Fußweg. Er bringt uns zu einem Parkplatz. Dort nehmen wir den asphaltierten Weg, der von der Straße weg etwas nach rechts zieht, und folgen ihm zu einem weiteren Parkplatz. Hinter diesem biegen wir rechts ab. Wir wandern immer am Waldrand entlang und kommen zum höchsten Punkt der Tour, dem Hügel Oberreute. Danach fällt der Weg wieder zu einem Gehölz ab, von dem wir schön zum Torfmoor sehen. Wir biegen rechts auf den geschotterten Weg ab und wan-

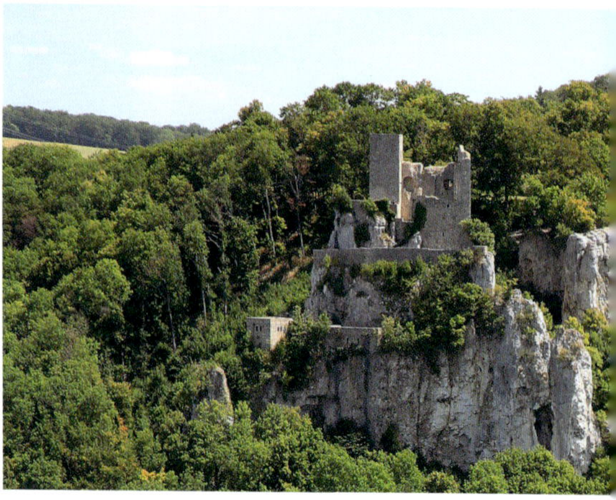

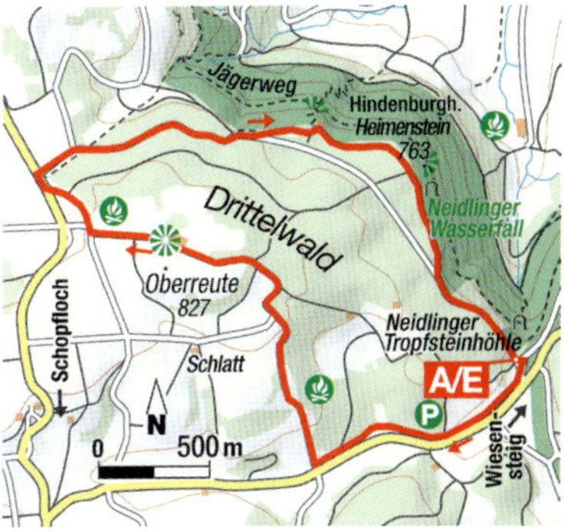

dern vor zur Straße. Hier kann man entweder auf der Straße oder auf dem Pfad davor nach rechts zum nächsten Parkplatz gehen. Wir durchqueren ihn nach rechts zur Waldecke. Dort folgen wir der roten Raute nach rechts.

Wo von rechts unterhalb ein Weg einmündet, können wir auf dem breiten Forstweg zurück zum Bahnhöfle wandern. Interessanter ist der Pfad, der unterhalb des unteren Weges mit dem roten Dreieck abgeht. Er bringt uns zur aussichtsreichen Hindenburg-Hütte. Wir wandern weiter auf dem Pfad am Trauf entlang, bis wir links einen Hügel sehen. Von oben hat man eine schöne Aussicht, darunter liegt die Heimensteinhöhle. Danach wandern wir weiter und stoßen bald auf den breiten Forstweg, den wir vorhin verlassen haben. Nach links geht es jetzt zurück zum Ausgangspunkt. Vorher aber haben wir nach links noch einen Blick zur Ruine Reußenstein.

Linke Seite: Blick vom Wanderweg zur Ruine Reußenstein

Eingang der Heimensteinhöhle

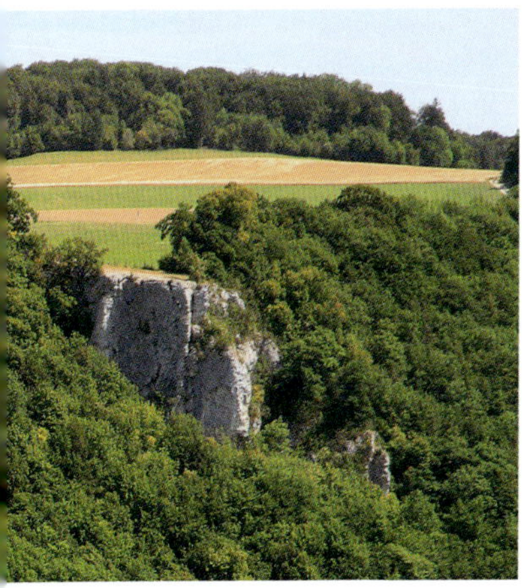

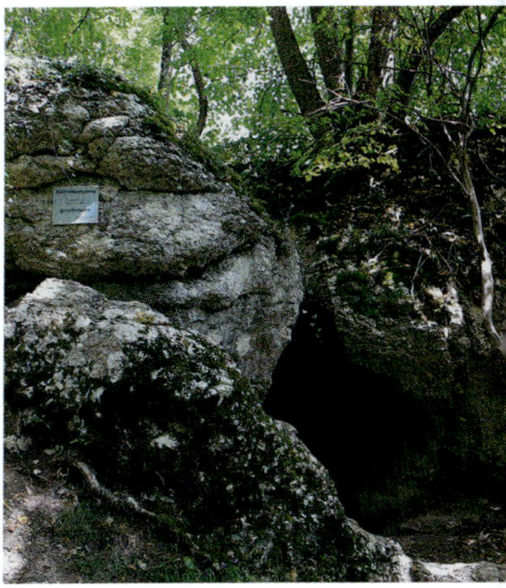

20 Über die Höllenlöcher zum Buckleter Kapf

Blick in die Tiefe und in die Ferne

Mittel | 7,9 km | 150 Hm | 2.10 Std.

Tourencharakter: Wir wandern auf festen Wegen, am Trauf entlang auf Pfaden. Am Nägelesfels und den Höllenlöchern sollte man wegen der Steilabstürze vorsichtig sein.

Ausgangs-/Endpunkt: Hülben, Alte Steige, beim Bauhof (685 m)

Höchster Punkt: Beim Nägelesfels (730 m)

Anfahrt: Auto: B 27, dann B 312 bis Metzingen, B 28 nach Bad Urach und kurz Richtung Ulm. In Bad Urach links in die Neuffener Straße bis zum Ortsrand von Hülben. Am Ausgangspunkt parken Sa von 10–12 Uhr verboten, alternative Parkmöglichkeit im Ort Hülben. GPS 48.516446, 9.396133; Bus & Bahn: Bahn bis Bad Urach oder Neuffen, weiter mit dem Bus

Einkehr: Hülben, Bad Urach

Karten: Wanderkarte W 243 Bad Urach, 1:25 000 (LGL und Schwäbischer Albverein e.V.); Wanderkarte mit Radwegen Reutlingen Bad Urach, Blatt 52-538, 1:25 000 (NaturNavi)

Informationen: www.huelben.de

An einigen Stellen am Albtrauf kann man »Höllenlöcher« finden. Wir besuchen bei dieser Wanderung die vielleicht ausgeprägtesten bei Hülben und wandern zu zwei aussichtsreichen Felsen, dem Nägelesfels und dem Buckleter Kapf.

Wir gehen vom Parkplatz aus mit der roten Gabel als Markierung in Richtung Höllenlöcher und kommen bald in den Wald. Dort gehen wir ohne Zeichen geradeaus weiter. Der Weg zieht leicht nach links, danach überqueren wir einen Graben, das erste der Höllenlöcher. Ein Naturweg bringt uns

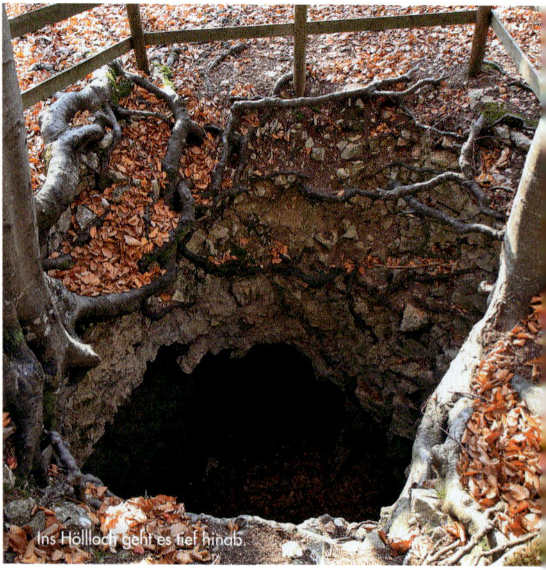

Ins Hölloch geht es tief hinab.

nach rechts zum Trauf. Dort wandern wir später nach rechts weiter, zuerst machen wir aber einen Abstecher nach links zum umschrankten Höllloch. Zum Trauf zurückgekehrt, beginnen links und rechts die Höllenlöcher.

An einer weiteren Abschrankung kommen wir nach einem Rechts-links-Knick zum Nägelesfels. Ihn finden wir dort, wo der Gabelweg von rechts einmündet, links des Traufweges. Anschließend folgen wir dem Traufweg zum Buckleter Kapf. Nach diesem Aussichtspunkt folgen wir weiterhin der roten Gabel immer am Trauf entlang, erst weiter im Wald, später entlang des Waldrandes.

Der Weg zieht erst nach rechts bis vor einen breiten Weg in der Freifläche, dann führt er in einem Halbkreis wieder nach links. Nach einiger Zeit liegt rechts oben ein kleines Haus. Etwas später geht es am Waldrand entlang hinab zu einem Taleinschnitt mit einem breiten Waldweg. Hier gehen wir nach rechts hinaus zu den Häusern von Hülben.

Am Ortsrand biegen wir rechts ab und wandern immer geradeaus weiter. Zuerst folgen wir dem Heerweg, dann der Eichendorffstraße. Danach geht es parallel zur Straße An der Steige/L250 zurück zum Ausgangspunkt, dem Parkplatz am Bauhof.

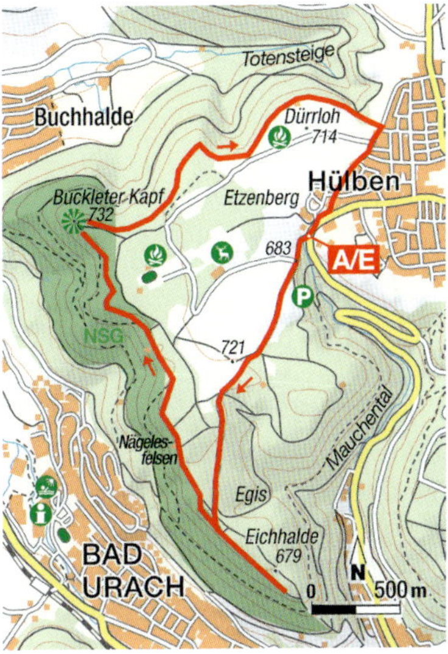

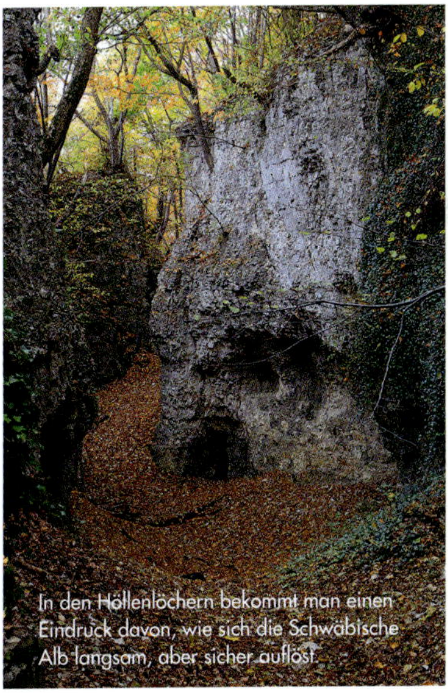
In den Höllenlöchern bekommt man einen Eindruck davon, wie sich die Schwäbische Alb langsam, aber sicher auflöst.

21 Zu den Highlights von Bad Urach

Wasserfall und Burgruine

Mittel | 5,8 km | 240 Hm | 2 Std.

Tourencharakter: Die Wanderung findet auf festen Forstwegen statt, der Aufstieg entlang des Wasserfalles auf Treppenstufen und einem Pfad.

Ausgangs-/Endpunkt: Bad Urach, Parkplätze am Uracher Wasserfall, Vorderes Maisental (467 m)

Höchster Punkt: Wasserfallwiese (615 m)

Anfahrt: Auto: B 27, dann B 312 bis Metzingen und B 28 bis an den Ortsrand von Bad Urach. GPS 48.497254, 9.373929; Bus & Bahn: Ermstalbahn bis Haltestelle Wasserfall

Einkehr: An den Parkplätzen gibt es verschiedene Möglichkeiten; falls geöffnet, auf der Wasserfallwiese.

Karten: Wanderkarte W 243 Bad Urach, 1:25 000 (LGL und Schwäbischer Albverein e.V.); Wanderkarte mit Radwegen Reutlingen Bad Urach, Blatt 52-538, 1:25 000 (NaturNavi)

Informationen: www.badurach-tourismus.de

Hinweis: Für den Besuch der Ruine fallen etwa 600 Meter (einfach) und 120 Höhenmeter mehr an.

Mit dem rauschenden Brühlbach am Anfang und dem Höhepunkt der Tour, dem Uracher Wasserfall, erleben wir zwei der wildesten Gewässer der Alb. Wer will, kann noch einen Abstecher zur sehenswerten Burgruine Hohenurach machen.

Wir gehen von den Parkplätzen aus auf dem breiten Weg entlang des Brühlbaches in Richtung Talschluss. Nach rechts haben wir einen Blick zum historisch interessanten Runden Berg, vor uns sehen wir die Felswände der Rutschenfelsen und später auch den Wasserfall. Der Brühlbach fließt anfangs ruhig neben dem Weg, bildet aber später kleine Kaskaden und Wasserfälle.

An der Verzweigung beim Schild »Brühl (492 m)« halten wir uns an den rechten Unteren Wasserfallweg. Mit

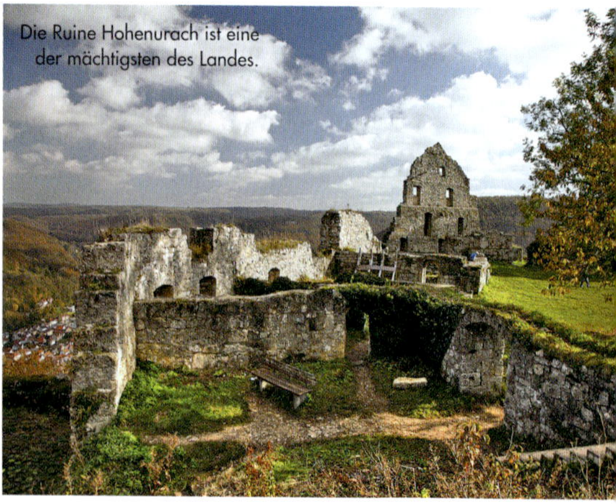

Die Ruine Hohenurach ist eine der mächtigsten des Landes.

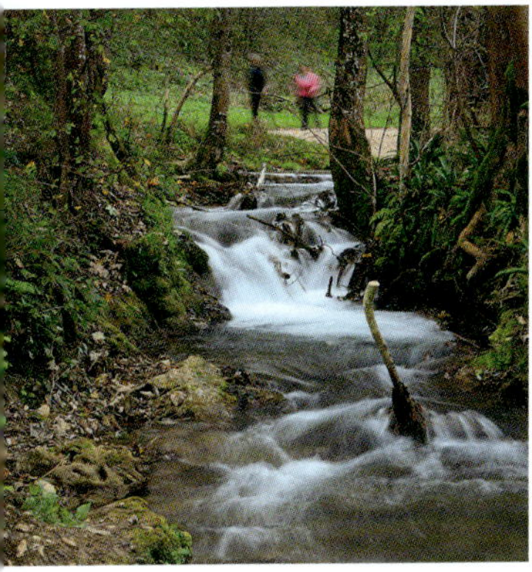

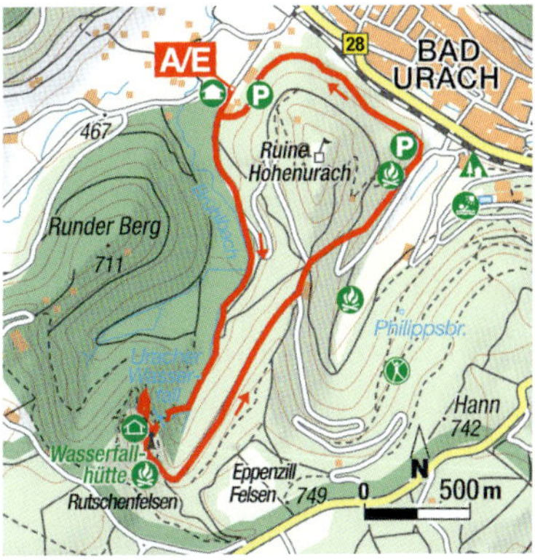

sanftem Anstieg bringt er uns zum Fuß des Wasserfalles. Wir steigen an ihm hinauf zur Wasserfallwiese, wo man sich am Kiosk verköstigen kann. Nun wandern wir über die Wasserfallwiese und auf dem breiten Forstweg weiter. Nach etwas Bergab kommen wir zur Kreuzhütte (569 m). Dahinter können wir einen Abstecher zur Ruine Hohenurach machen.

Für den Rückweg nehmen wir, vor dem Burghügel stehend, den rechten Weg. Es geht steil hinab zu einer Kreuzung beim Schild »Schlossberg (582 m)«, danach geradeaus weiter zum Schild »Seltbachtal (514 m)«. Hier halten wir uns links, anfangs etwas ansteigend. Der Weg führt uns um den Schlossberg, wobei wir unterwegs einige Tafeln des Weges »Poesie am Weg« mit Gedichten berühmter Zeitgenossen lesen können. Bald erreichen wir wieder den Ausgangspunkt.

Der Brühlbach (oben) bereitet die Wanderer mit seinen Kaskaden auf den nahen Uracher Wasserfall (unten) vor.

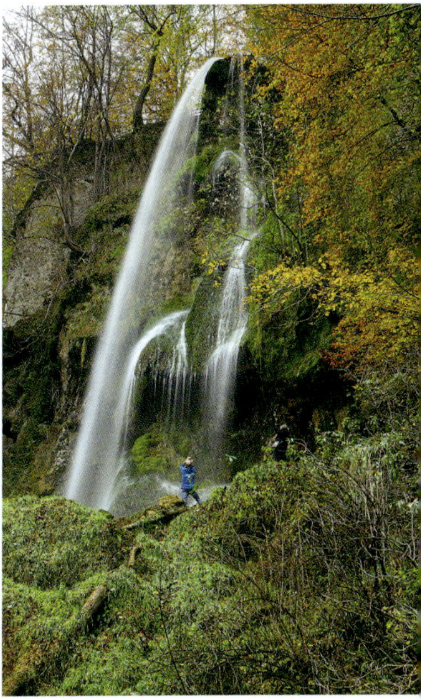

22 Hohenwittlingen und Sirchinger Wasserfall

Über die Ruine zum Wasserfall

Mittel | 9,5 km | 300 Hm | 3 Std.

Tourencharakter: Wir wandern auf festen Waldwegen und Pfaden, die zeitweise auch steil sind.

Ausgangs-/Endpunkt: Bad Urach, Wanderparkplatz Rulaman an der B465 im Seeburger Tal, kurz vor Georgenau (540 m)

Höchster Punkt: Nach der Ruine Hohenwittlingen (690 m)

Anfahrt: Auto: B27 und B312 bis Metzingen, B28 bis Bad Urach, B465 in Richtung Seeburg. Nach dem Abzweig nach Wittlingen liegt links der Straße unser Parkplatz. GPS 48.470694, 9.420993; Bus & Bahn: Mit der Ermstalbahn bis Bad Urach Bahnhof. Weiter mit dem Bus 7646 Richtung Laichingen bis Ausstieg Wittlingen.

Einkehr: Wittlingen, Bad Urach

Karten: Wanderkarte W243 Bad Urach, 1:25000 (LGL und Schwäbischer Albverein e.V.); Wanderkarte mit Radwegen Reutlingen Bad Urach, Blatt 52-538, 1:25000 (NaturNavi)

Informationen: www.bad-urach.de

Höhepunkte dieser Wanderung sind der Urgeschichtspfad, die Ruine Hohenwittlingen und der Sirchinger Wasserfall. Auf Interesse stoßen wird auch die »Rulamanhöhle«. Da der Weg überaus interessant ist, wird er auch Kindern gefallen.

Zuerst wandern wir mit der gelben Gabel auf dem »Urgeschichtspfad Rulamanweg« in den Wald. Nach der letzten Tafel wird die Schlucht, die in die wilde Wolfschlucht übergeht, immer dramatischer. An der Tafel »Wolfschlucht« biegen wir aber rechts ab. Jetzt geht es steil hinauf und vorbei an der Schillerhöhle/Tulkahöhle kommen wir zur Ruine Hohenwittlingen. Am Unterstandshäuschen vor dem Burghügel halten wir uns mit der gelben Raute links

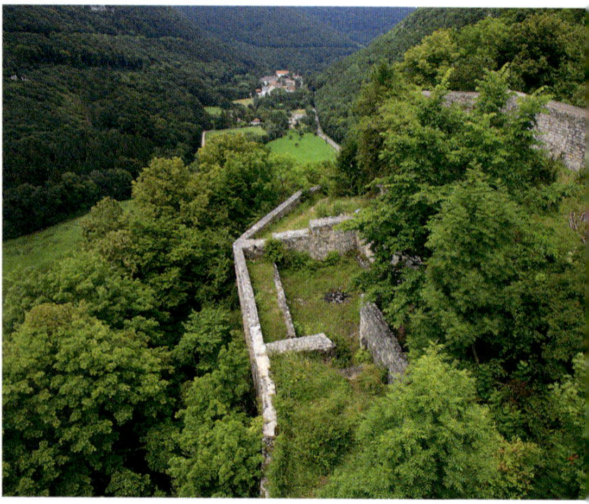

in Richtung Seeburg. An der nächsten Verzweigung nehmen wir den mittleren Weg (»Seeburg Baldeck«). Nach einem Querweg gehen wir auf dem breiten Weg geradeaus abwärts. An der ausgeprägten Rechtskurve behalten wir mit dem Wanderzeichen unsere Richtung bei und folgen einem breiten Forstweg, der bald nach rechts abwärtszieht. Bei einer scharfen Rechtskurve steigen wir links abzweigend im Zickzack hinab zur Straße. Hinter ihr gehen wir über die Wiese und überqueren die Erms. Auf der anderen Talseite folgen wir dem Forstweg (Grüner Weg) nach rechts.

Nach den Fischteichen liegt links der Sirchinger Wasserfall. Am nächsten Hof halten wir uns rechts zur Straße. Auf ihr gehen wir kurz nach links bis zum Ende der Leitplanke auf der anderen Straßenseite. Hinter ihr folgen wir mit den Zeichen gelbe Raute bzw. Gabel nach rechts, dann steigen wir auf zu einem Forstweg. Dort biegen wir am Schild oberhalb Georgenau (440 m) links ab und wandern zurück zum Ausgangspunkt.

Linke Seite: Blick über die Ruine Hohenwittlingen ins Ermstal

Der Sirchinger Wasserfall ist besonders nach der Schneeschmelze und nach starken Regenfällen recht mächtig.

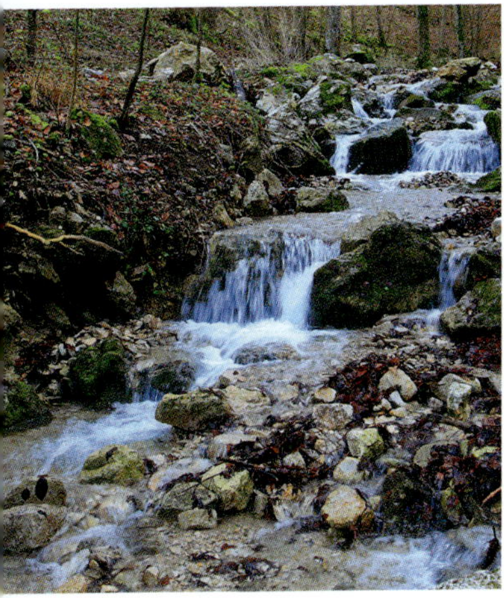

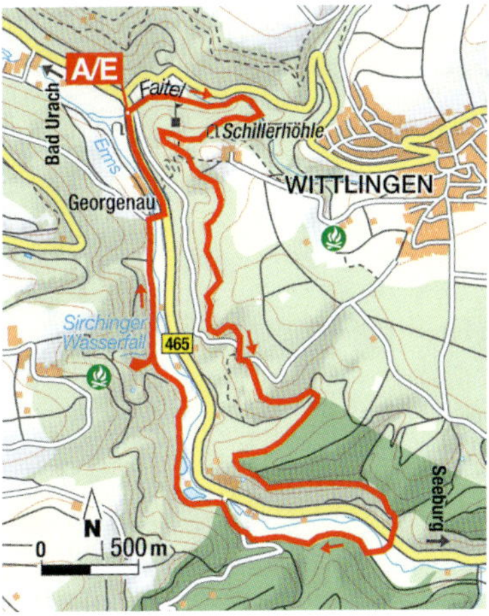

23 Über den Truppenübungsplatz bei Trailfingen

Manchmal wirkt's wie in Afrika

Schwer 13,8 km | 170 Hm | 3.40 Std.

Tourencharakter: Man darf nur auf den freigegebenen, asphaltierten Wegen wandern. Markierung gelb gestrichene Pflöcke und gelbe Schilder.

Ausgangs-/Endpunkt: Münsingen-Trailfingen, Parkplatz Trailfinger Säge am Truppenübungsplatz (756 m)

Höchster Punkt: Kurz nach dem Aussichtspunkt Gänswag (850 m)

Anfahrt: Auto: B 27 und B 312 bis Metzingen, B 28 bis Bad Urach, B 465 bis vor Münsingen, dort in der Ermstalstraße nach Osten nach Trailfingen zum »Truppenübungsplatz Gruorn« folgen. GPS 48.435815, 9.508636; Bus & Bahn: Bahn bis Bad Urach, weiter mit dem Bus

Einkehr: Unterwegs keine

Karten: Wanderkarte W 244 Ehingen (Donau), 1:25 000 (LGL und Schwäbischer Albverein e.V.); Wanderkarte mit Radwegen Münsingen Laichingen, Blatt 54-537, 1:25 000 (NaturNavi)

Informationen: www.muensingen.com, www.biosphaerengebiet-alb.de

Der ehemalige Truppenübungsplatz bei Münsingen ist heute das Herzstück des Biosphärengebietes Schwäbische Alb und eine Besonderheit in diesem Mittelgebirge. Nirgendwo sonst findet man eine so große Fläche mit unberührter Natur.

Vom Parkplatz gehen wir geradeaus in das Gelände hinein und behalten dort unsere Richtung bei. Wir wandern erst geradeaus. Wo rechts ein Weg abgeht, nehmen wir das etwas nach links ziehende Sträßchen, das uns auf das bald sichtbare Gruorn zuführt. Un-

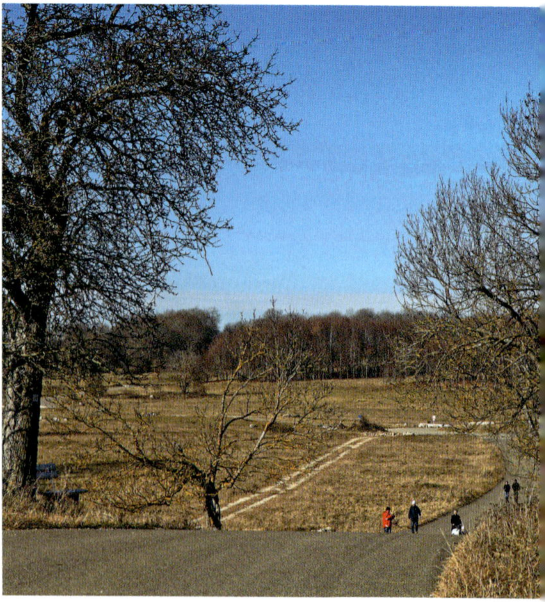

terhalb der Kirche führt ein zugelassener Weg nach rechts, auf ihm wandern wir später weiter, erst gehen wir aber hinauf zur Kirche. Vor ihr und dem Schulhaus kann man links abzweigen und das ehemalige Dorf umrunden.

Danach gehen wir wieder etwas hinab bis zur Verzweigung, hier biegen wir links ab. Nun wandern wir auf der ehemaligen Römerstraße durch die Wiesenlandschaft. Schließlich kommen wir zu einer Verzweigung, wo rechts der Weg nach Böttingen abgeht. Ihm folgen wir durch das Obere Böttental.

Schließlich stoßen wir auf ein querendes Sträßchen, auf dem wir nach rechts in Richtung Böttingen gehen. An der nächsten Verzweigung halten wir uns rechts in Richtung »Trailfingen Gruorn«. Nun steigt unser Weg wieder etwas an. Wir kommen an einem rechts

Linke Seite: Die Gegend des ehemaligen Truppenübungsplatzes Münsingen besitzt zahlreiche Kostbarkeiten der Pflanzen- und der Tierwelt.

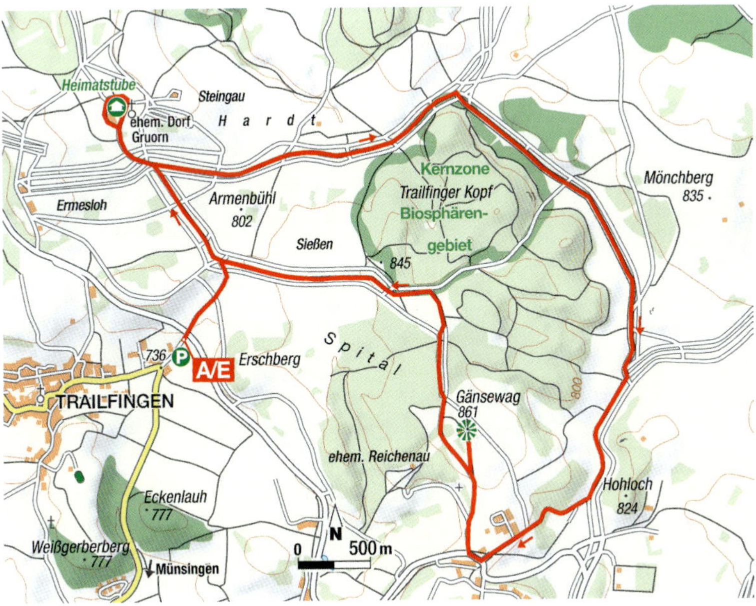

Gruorn

Das Dorf Gruorn musste dem Truppenübungsplatz weichen. Durch die Kampfübungen sind alle Häuser bis auf die Kirche und das Schulhaus zerstört. Im Schulhaus finden wir ein kleines Museum zur Geschichte des Dorfes.

liegenden, eingezäunten Gelände vorbei, danach müssen wir auf dem Pfad rechts des Sträßchens wandern. Gleich darauf werden wir aber nach rechts verwiesen.
Nach etwas Anstieg halten wir uns an der Verzweigung rechts. Wo es flacher wird, können wir auf dem rechts abzweigenden Schotterweg einen Abstecher zur »Aussichtsplattform Gänswag« machen. Von ihr aus übersieht man einen Großteil des Truppenübungsplatzes und einen Teil der Münsinger Alb.
Danach folgen wir dem Sträßchen weiter. Es fällt bald ab zu einem querenden Weg, dem wir nach links folgen müssen. Bald quert der Weg, auf dem wir nach rechts hinauf nach Gruorn gegangen sind. Hier halten wir uns links und wandern hinab zum Ausgangspunkt.

Rechte Seite: Das Dorf Gruorn fiel den militärischen Übungen zum Opfer.

Einzig Schafe dürfen sich ungehindert im ehemaligen Truppenübungsplatz bewegen.

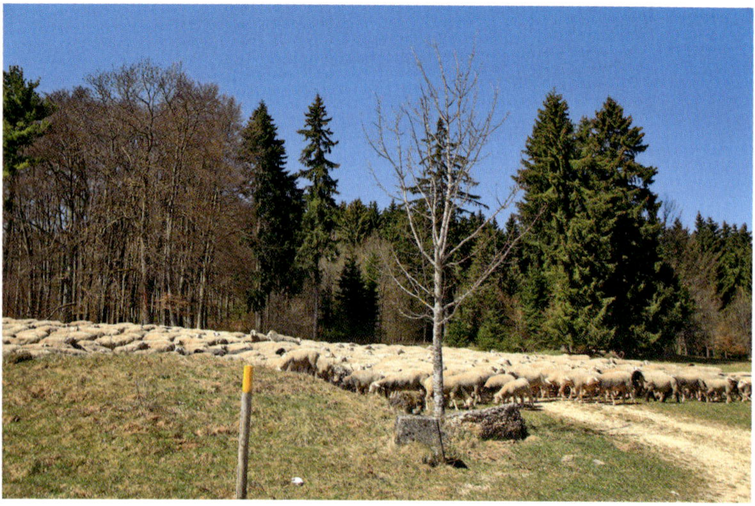

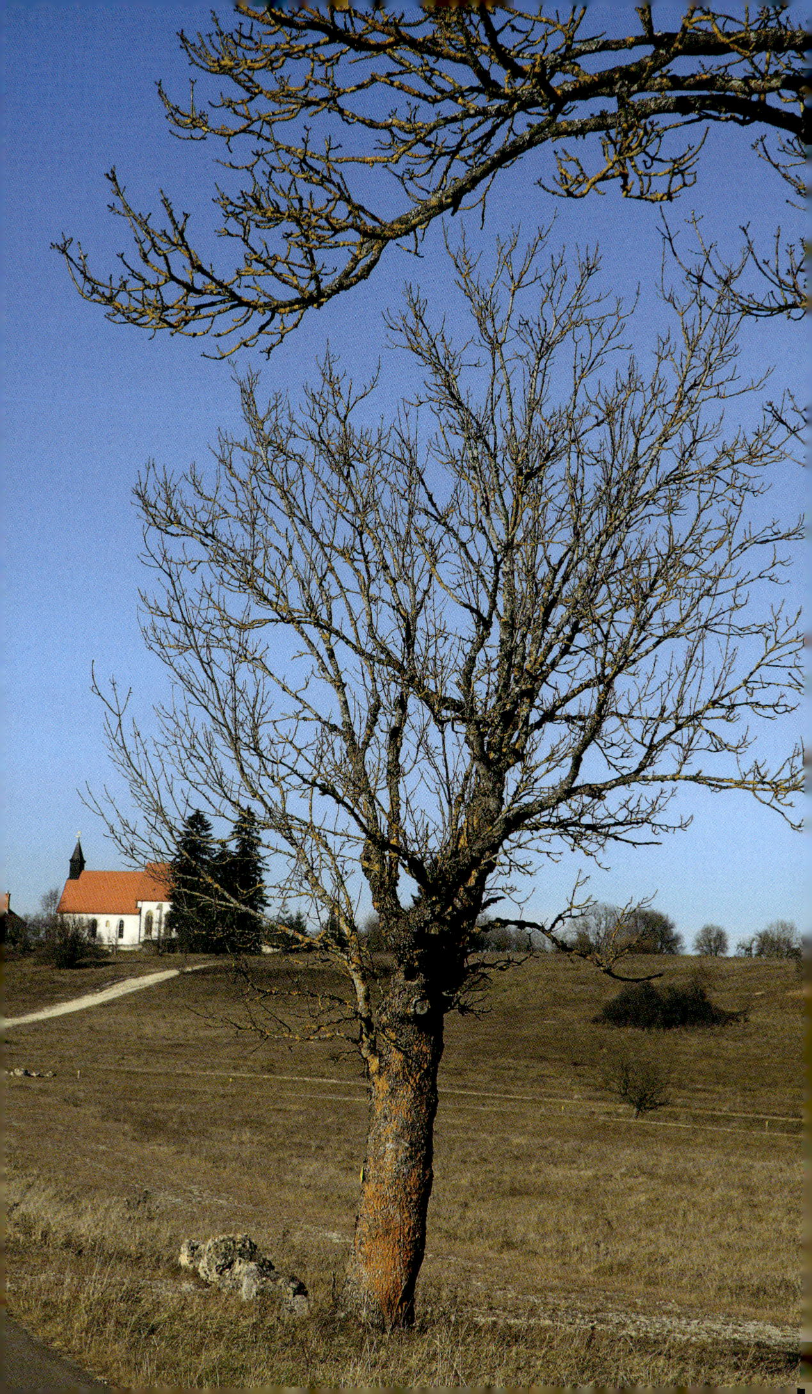

24 Über den Beutenlay bei Münsingen

Eine Landschaft wie im Park

Leicht | 4 km | 80 Hm | 1.30 Std.

Tourencharakter: Meist unbefestigte Graswege, entlang der Bahnlinie Schotter- bzw. Asphaltweg

Ausgangs-/Endpunkt: Münsingen, Wanderparkplatz beim Hofgut Hopfenburg (770 m)

Höchster Punkt: Beim Feld-Flora-Reservat (790 m)

Anfahrt: Auto: Über Metzingen und Bad Urach nach Münsingen. Das Hofgut liegt an der B 465. Alternative Ausgangspunkte: Schützenheim, Bahnhof Münsingen (plus 1,3 km) und Beutenlayhalle (plus 0,7 km). GPS 48.402843, 9.508560; Bus & Bahn: Bahn bis Reutlingen oder Bad Urach, Bus bis Bahnhof Münsingen oder Münsingen. Der Weg zum Schützenhaus ist ausgeschildert.

Einkehr: Münsingen

Karten: Wanderkarte W 243 Bad Urach, 1:25 000 (LGL und Schwäbischer Albverein e.V.); Wanderkarte mit Radwegen Münsingen Laichingen, Blatt 54-537, 1:25 000 (NaturNavi)

Informationen: www.hochgehberge.de, www.muensingen.de

Der Beutenlay ist ein legendäres Naturschutzgebiet südlich von Münsingen. Wir wandern auf dem Premiumspazierwanderweg »hochgehhütet« der »hochgehberge« auf weichen Wiesenwegen durch eine fast parkartig anmutende Landschaft zu einem Aussichtspunkt.

Wir gehen durch die Schranke zu einem Rastplatz mit Grillstelle und links daran vorbei. An der ehemaligen Fichtenversuchsfläche kommen wir später auf dem rechts abgehenden Weg wieder zurück, jetzt wan-

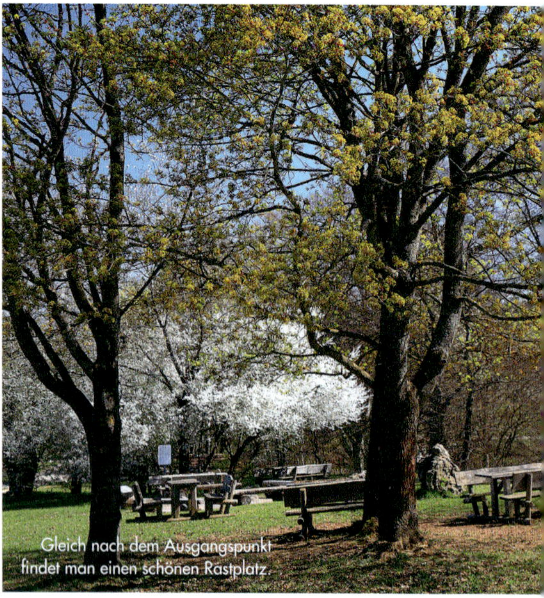

Gleich nach dem Ausgangspunkt findet man einen schönen Rastplatz.

dern wir aber geradeaus weiter. Nach einer mächtigen Weidbuche kommen wir zum Steilabfall. Eine Bronzetafel zeigt die Richtung an, in welcher europäische Hauptstädte liegen.

Kurz nach dem Rechtsbogen des Weges gehen wir auf einem Grasweg hinab zur Bahnlinie. Wir biegen rechts ab und wandern zum Schützenhaus. Dort orientieren wir uns rechts und gehen vor dem Gebäude auf dem Grasweg am Nordhang des Beutenlays bergauf. Nach einem querenden Weg wird es flacher. Rechts oben sehen wir bald den Aussichtspavillon, zu dem wir vor dem nächsten Wald hinaufsteigen.

Geradeaus durch den Wald kommen wir zu einer Informationstafel zum Hutewald. Wir halten uns links und kommen in eine große Lichtung mit dem Feld-Flora-Reservat. Dort biegen wir am Schild Reiseziel Wiese links ab und gehen über die Enzianwiese zum Rastplatz. Nun gehen wir zum gegenüberliegenden Waldrand und den Infotafeln.

Wir biegen zweimal rechts ab und kommen zu dem Wiesenweg, der von rechts vom Rastplatz kommt. Auf ihm gehen wir links weiter. Nach der Schneise durch den Wald kommen wir zur bekannten ehemaligen Fichtenversuchsfläche, nun geht es auf bekanntem Weg zurück zum Ausgangspunkt.

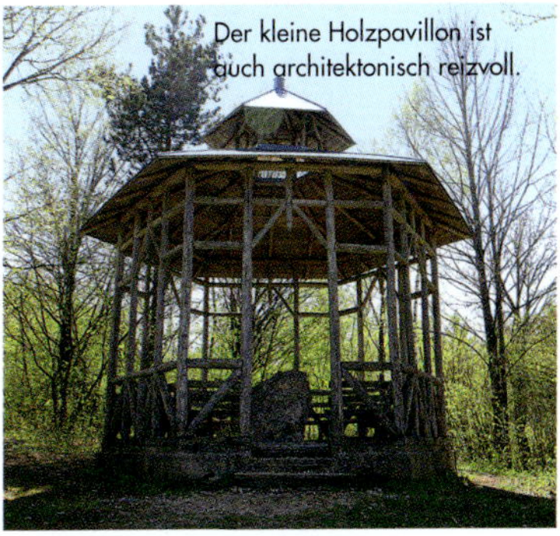
Der kleine Holzpavillon ist auch architektonisch reizvoll.

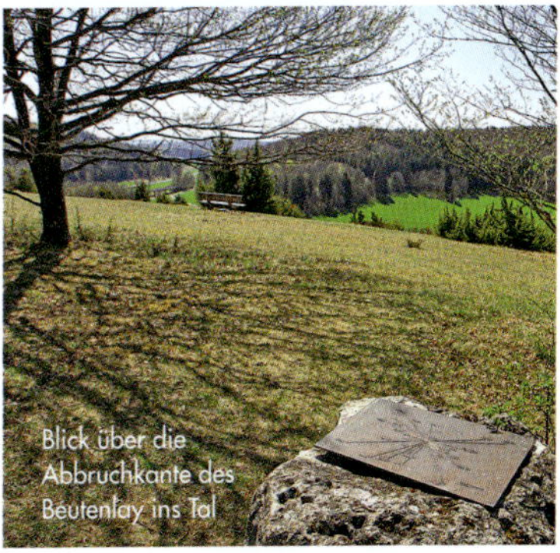
Blick über die Abbruchkante des Beutenlay ins Tal

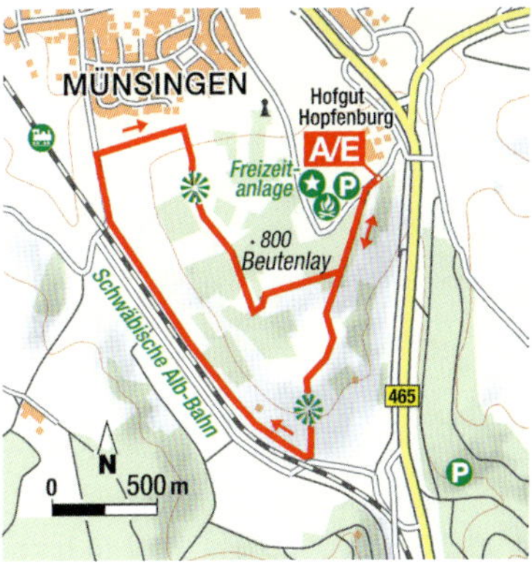

25 Von Buttenhausen zur Ruine Bichishausen

Geschichtsträchtig durch's Große Lautertal

Schwer 11,3 km | 190 Hm | 3.10 Std.

Tourencharakter: Die Wanderung verläuft auf festen Wegen und Pfaden.

Ausgangs-/Endpunkt: Bichishausen, Parkplatz Langes Tal (630 m)

Höchster Punkt: Vor Steighof (742 m)

Anfahrt: Auto: B 27, dann B 312 bis Metzingen. Weiter auf der B 28 bis Bad Urach, danach der B 465 bis Münsingen folgen. Dort vorbei am Bahnhof hinab ins Lautertal bis Buttenhausen. Wo die Fürstenbergstraße nach Bichishausen hineinführt, geht auf der anderen Seite die Straße Langes Tal ab. GPS 48.333984, 9.503111. Einen Ausweichparkplatz findet man in Buttenhausen, Zwiefalter Str. 41, GPS 48.359550, 9.481632; Bus & Bahn: Bahn bis Reutlingen, weiter mit dem Bus.

Einkehr: Buttenhausen

Karte: Wanderkarte W 244 Ehingen (Donau), 1:25 000 (LGL und Schwäbischer Albverein e.V)

Informationen: www.muensingen.de

Zu den beliebtesten Ausflugszielen der Schwäbischen Alb gehört das idyllische Große Lautertal. Hier findet man auch zahlreiche Burgruinen und ein liebliches Tal. Etwas Besonderes ist auch der geschichtsträchtige Ausgangsort Buttenhausen.

Wir gehen zur Landstraße und dem farbenprächtigen bemalten ehemaligen Zollhäuschen. Nach der Straße überqueren wir noch die Lauter. Danach zweigen wir nach rechts ab auf den Geh- und Radweg. Bald durchqueren wir Hundersingen. Rechts auf der anderen Talseite sehen wir die Ruine Hohenhundersingen. Weiter durch das Große Lautertal wandernd erreichen wir Buttenhausen. Dort biegen wir links ab in die Straße Im Wiesengrund.

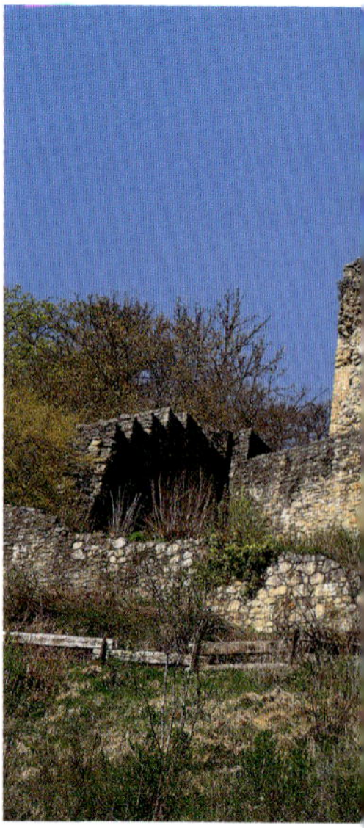

In Buttenhausen lebten einst zahlreiche Juden. Sie, ihr Leben und ihr Schicksal sind in einem Rundweg mit interessanten Infotafeln beschrieben; wer Zeit hat, sollte ihn abgehen. Alle Stationen sind auf den einzelnen Infotafeln verzeichnet, die vor den Gebäuden stehen. Sehenswert sind insbesondere der jüdische Friedhof und

das Geburtshaus mit Museum des ermordeten Reichsfinanzministers Matthias Erzberger.
Das Sträßchen steigt an und bringt uns zum Lindehof. Kurz danach biegen wir links ab und wandern bis zu einem querenden Sträßchen, dort geht es geradeaus weiter. Nach der zweiten Scheune zweigen wir links ab und kommen zum Steighof.
Am Parkplatz danach halten wir uns scharf links und wandern hinab nach Bichishausen. Vor dem Dorf liegt links des Sträßchens die Ruine Bichishausen. Es lohnt sich, sie zu besuchen. Danach geht es bis zur Landstraße und danach zum Parkplatz.

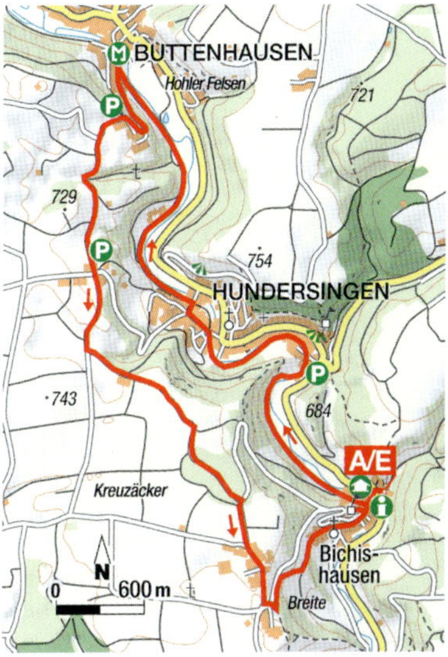

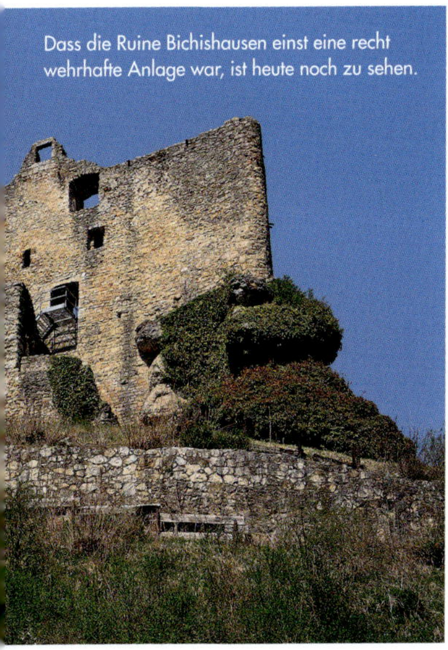
Dass die Ruine Bichishausen einst eine recht wehrhafte Anlage war, ist heute noch zu sehen.

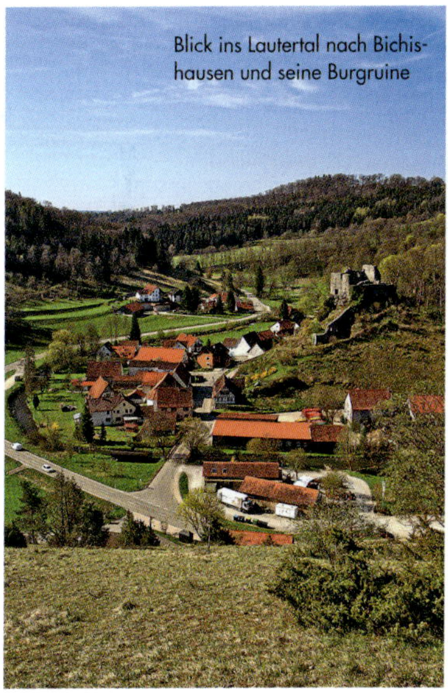
Blick ins Lautertal nach Bichishausen und seine Burgruine

26 Premiumwandern bei Gundelfingen

Vom Großen Lautertal zum Aussichtspunkt

Mittel | 4 km | 125 Hm | 1.30 Std.

Tourencharakter: Wir wandern auf festen Wegen und Pfaden, der Abschnitt auf dem rund 500 Meter langen Bürzelpfad erfordert Aufmerksamkeit und gutes Schuhwerk.

Ausgangs-/Endpunkt: Bichishausen, Wanderparkplatz Steighof (715 m)

Höchster Punkt: Aussichtspunkt Bürzel (718 m)

Anfahrt: Auto: B 27 und B 312 bis Metzingen, B 28 bis Bad Urach und B 465 nach Münsingen. Ins Lautertal und über Apfelstetten, Buttenhausen und Hundersingen nach Bichishausen. Dort rechts hinauf zur Albhochfläche. Alternative Ausgangspunkte: Wittstaig (0,9 km), Bichishausen und Gundelfingen Ack (0,2 km). GPS 48.327134, 9.492459; Bus & Bahn: Bahn bis Münsingen, Bus bis Bichishausen oder Gundelfingen

Einkehr: Gundelfingen, Wittstaig

Karte: Wanderkarte W 243 Bad Urach, 1:25 000 (LGL und Schwäbischer Albverein e.V.)

Informationen: www.hochgehberge.de, www.muensingen.de

Wir erleben einen schönen Teil des Großen Lautertales. Bei guten Sichtverhältnissen kann man von der Höhe bis zu den Alpen blicken. Vom Aussichtspunkt Bürzel sieht man auf den Umlaufberg mit der Burg Niedergundelfingen, nach Gundelfingen und zur Ruine Hohengundelfingen.

Wir folgen direkt dem abwärtsführenden Sträßchen in Richtung Bichishausen. Es knickt am Trauf links ab und führt bergab nach Bichishausen im Lautertal. Etwa in halber Höhe (Schlossberg) zweigen wir rechts ab. Nun wandern wir durch Wiesen und entlang des Waldrandes sanft bergab.
Im Lautertal folgen wir dem asphaltierten Weg nach rechts bis zum ersten Haus von Gundelfingen. Nach

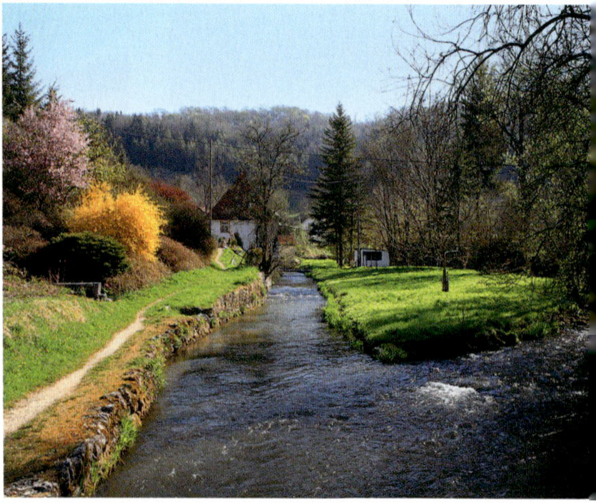

ihm biegen wir rechts ab und gehen auf den Hang zu. Nach Haus Nr. 15 zweigen wir links ab auf einen Pfad. Gleich darauf überqueren wir vor dem Rastplatz an der Lauter den Fluss.

An der Straße dahinter gehen wir nach rechts zur Ortsmitte. Wir wandern unterhalb der Burg Niedergundelfingen geradeaus weiter, bis wir nach dem letzten Haus die Lauter auf einer Brücke überqueren (An der Dölle). Vor dem Haus biegen wir links ab und wandern auf einem Naturweg im Wald bergauf. Am Waldrand gehen wir mit der gelben Raute nach rechts; erst sollten wir aber hinaus und zum Sträßchen hinter der Feldscheune gehen. Hier am »Alpenblick am Herrenhau« sehen wir bis zur Alpenkette.

Danach geht es mit der gelben Raute durch den Wald. Nach einiger Zeit steigen wir in Serpentinen hinauf auf die Hochfläche. Wir kommen zu einer Freifläche, dann zum Aussichtspunkt Bürzel. Anschließend führt uns der Weg in wenigen Minuten zurück zum Ausgangspunkt.

Linke Seite: Die Lauter fließt mitten durch Gundelfingen.

Auf einem Umlaufberg im Ort liegt die Ruine Niedergundelfingen.

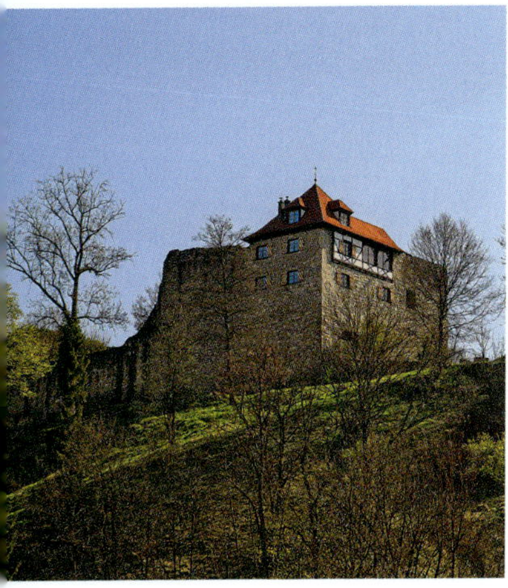

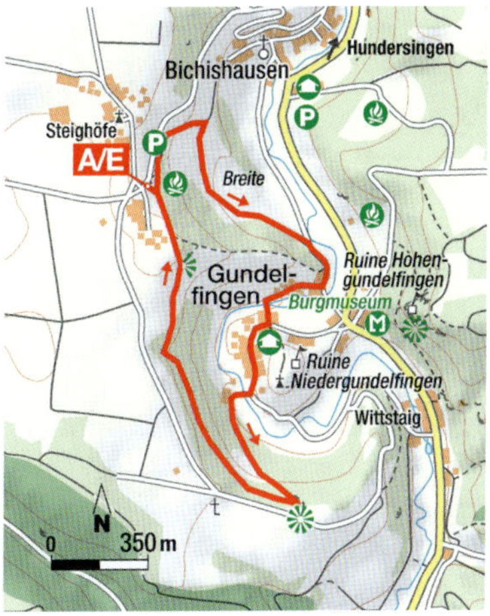

27 Zwiefalten und Wimsener Höhle

Vom Kloster zur Höhle

Mittel | 9,8 km | 230 Hm | 2.50 Std.

Tourencharakter: Wir wandern auf festen Wegen und Pfaden.

Ausgangs-/Endpunkt: Zwiefalten, Parkplätze an der Straße Dobeltal/K 6745 (555 m)

Höchster Punkt: Gauingen (725 m)

Anfahrt: Auto: B 27 bis vor Aich, danach B 312 über Reutlingen nach Zwiefalten. GPS 48.230880, 9.458601; Bus & Bahn: Bahn bis Reutlingen oder Tübingen, weiter mit dem Bus

Einkehr: Zwiefalten, Wimsen

Karte: Freizeitkarte F 524 Bad Urach, 1:50 000 (LGL)

Informationen: www.zwiefalten.de, www.hayingen.de

Mit der prächtigen barocken Klosterkirche in Zwiefalten und der mit einem Nachen zu befahrenden Wimsener Höhle erwarten uns zwei Höhepunkte bei dieser Wanderung, ein dritter ist der Weg entlang der Zwiefalter Ach.

Wir gehen in der Straße Dobeltal in Richtung Zentrum und folgen dort der Hauptstraße nach links. An ihrer Linkskurve biegen wir rechts ab in die Sägmühlstraße. Kurz danach halten wir uns noch einmal links in die Gerberstraße. Wir verlassen Zwiefalten und kommen parallel zur Zwiefalter Ach nach Gossenzugen.

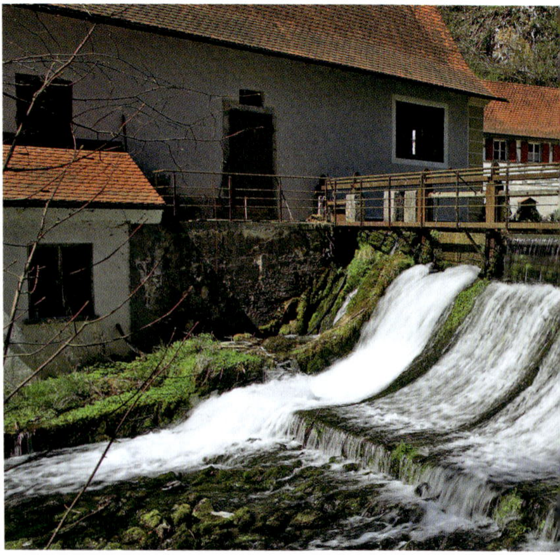

Dort halten wir uns im Mühlweg links zu einem Kreisverkehr. An ihm biegen wir rechts ab und wandern im Forellenweg aus dem Dorf hinaus und parallel zur Ach durch die Wiese. Der Weg führt uns an Forellenteichen vorbei und am Schluss durch den Wald, wo sich die Ach teilweise recht wild gebärdet. Zum Abschluss erreichen wir ein hohes Wehr, über das der Bach laut brausend herabstürzt. Dahinter steht das Gasthaus Friedrichshöhle, außerdem finden wir hier die Wimsener Höhle.

Nun folgen wir dem Sträßchen, das vor der Gaststätte nach rechts aufwärtszieht in Richtung Gauingen. Nach einer albtypischen Wacholderheide kommen wir in den Wald. Bei den Drei Kreuzen biegen wir links ab in Richtung Gauingen. Wo wieder ein Waldstück beginnt, steht ein modernes Metallkreuz. Später kommen wir an einem Feldkreuz vorbei, danach fällt der Weg und führt in einigen Kurven wieder hinauf

An der Wimsener Mühle stürzt die Zwiefalter Ach mächtig rauschend über ein Wehr.

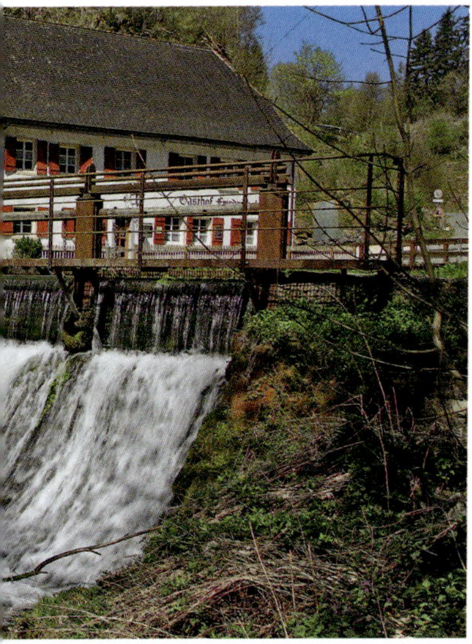

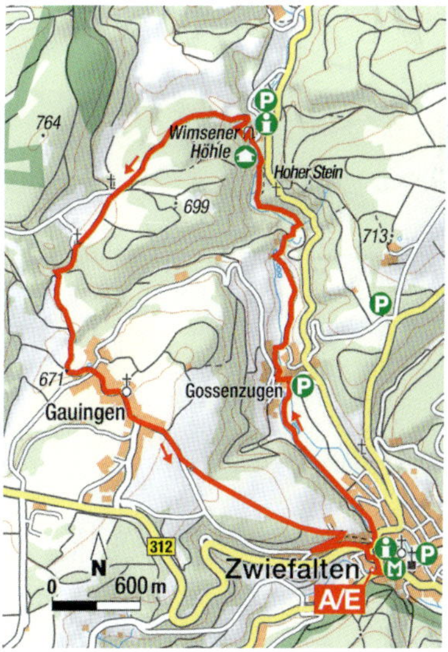

Wimsener Höhle

Die 557 Meter hoch liegende Wimsener Höhle ist der Ursprung der Zwiefaltener Ach. Sie ist – als einzige aktive Wasserhöhle Deutschlands – auf 70 Meter zu befahren. Ihr Name Friedrichshöhle weist auf den Besuch des Kurfürsten Friedrich I. von Württemberg, des späteren Königs, im August 1803 hin. Die marmorne Gedenktafel über dem Höhlenportal erinnert an seine Befahrung. Die Übersetzung des lateinischen Spruches lautet: »Dankbar begrüßt den hohen Besuch die hier waltende Nymphe. Fröhlicher fließet dir nun, Friedrich, die rauschende Ach«.

nach Gauingen. An dem Brunnen gehen wir mit der roten Gabel in der Lindenstraße weiter. Es steigt an, wir kommen an einem Kirchlein vorbei und erreichen eine Verzweigung bei einer Bushaltestelle. Dort gehen wir links in den Kirchenweg und verlassen das Dorf.

Nun fällt der Weg, dann zweigen wir links ab und wandern am Rallhof vorbei. Danach beschreibt die Straße, nun Pfauenstich, eine scharfe Rechtskurve und bringt uns zu einem Wohngebiet. Dort biegen wir scharf links ab und gehen in der Straße Gauberg hinab nach Zwiefalten. Dort treffen wir auf die Sägmühlstraße. Wir halten uns rechts zur Hauptstraße und gehen nach links zurück zum Ausgangspunkt.

Gebäude an der Wimsener Mühle

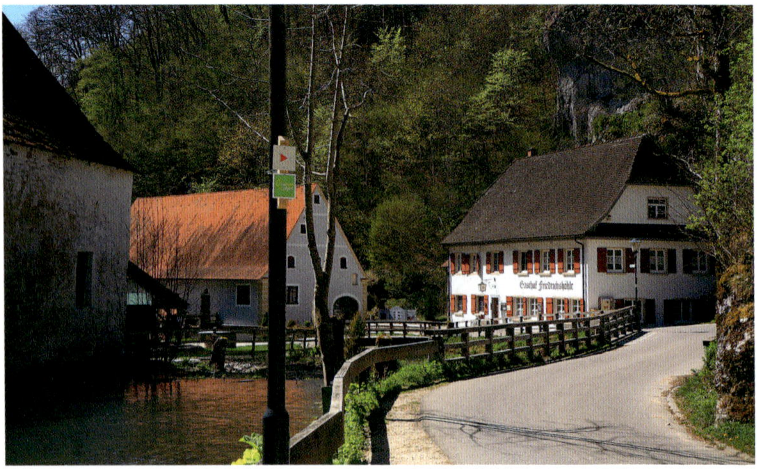

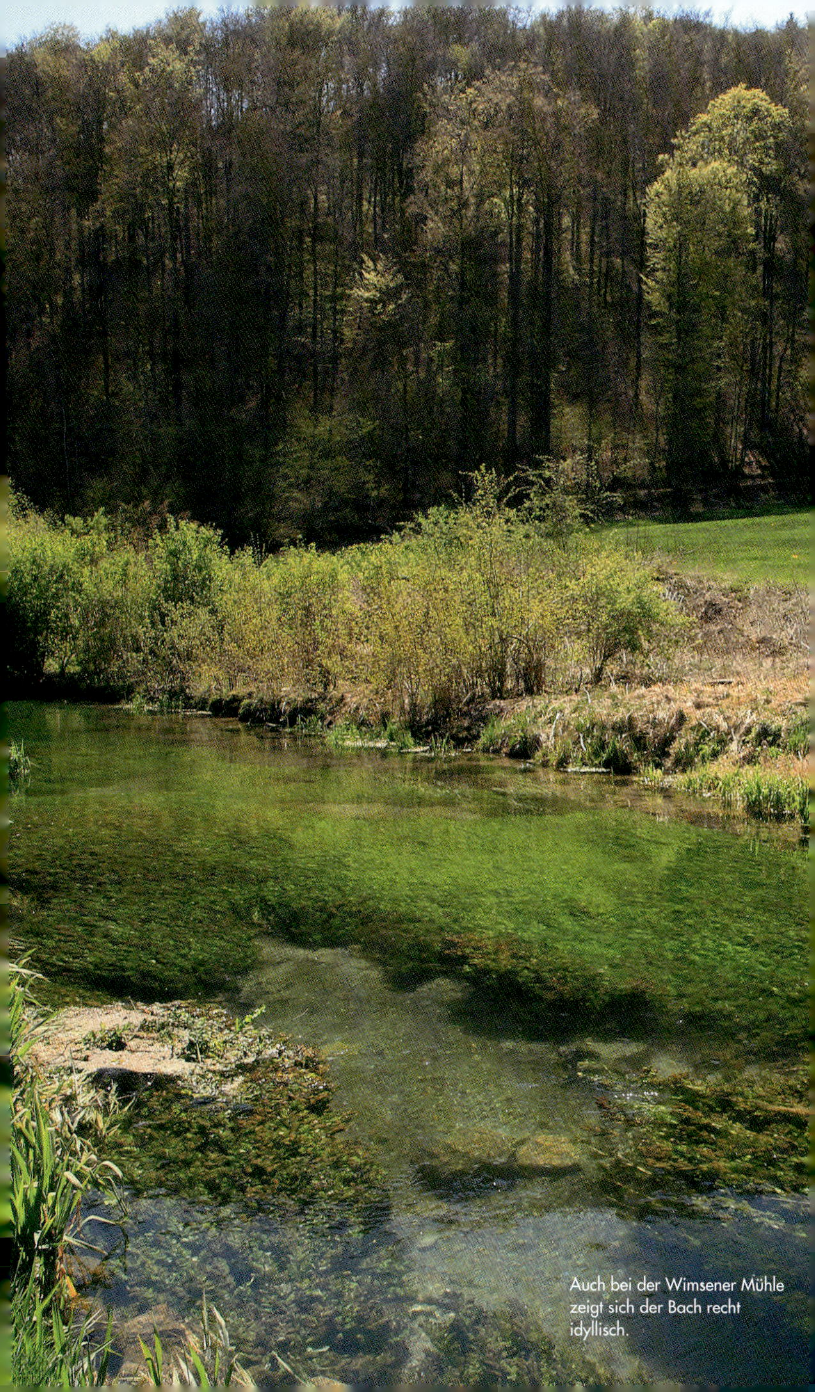

Auch bei der Wimsener Mühle zeigt sich der Bach recht idyllisch.

28 Über den Muckensee hinauf zum Wäscherschlössle

Auch die Staufer waren hier

Mittel | 9,7 km | 210 Hm | 2.50 Std.

Tourencharakter: Wir wandern meist auf festen Wegen, ein Stück des Anstieges auf einem Pfad. Dieser kann im Sommer ziemlich zugewachsen sein, ist aber mit Wanderzeichen markiert und gut zu finden.

Ausgangs-/Endpunkt: Lorch, Parkplatz zwischen der B29 und der B297/Göppinger Straße, vor dem Muckensee (316 m)

Höchster Punkt: Oberkirneck (450 m)

Anfahrt: Auto: B29 bis Lorch, rechts ab auf die B297, gleich danach liegt rechts ein Parkplatz. GPS 48.792415, 9.702870; Bus & Bahn: Bahn bis Lorch.

Einkehr: Muckensee, Wäscherschloss, Waldcafé, Lorch

Karten: Wanderkarten W220 Welzheim und W229 Göppingen, 1:25000 (LGL und Schwäbischer Albverein e.V.); Wanderkarte Schorndorf Göppingen, Blatt 54-540, 1:25000 (NaturNavi)

Informationen: www.stadt-lorch.de, www.waeschenbeuren.de

Das Wäscherschlössle in der Nähe der drei »Kaiserberge«, ist eine gut erhaltene Anlage, die auch besucht werden kann. Interessant ist diese Wanderung auch für Kinder, denn der Anstieg findet teilweise auf einem richtigen Abenteuerpfad statt.

Wir gehen rechts des Parkplatzes auf dem Forstweg in Richtung Beutental in den Wald. Nach dem Muckensee halten wir uns an der Verzweigung geradeaus weiter in Richtung Hohenlinde. An der Verzweigung folgen wir dem linken, relativ ebenen Weg. An dessen Kurve gehen wir geradeaus weiter, nun immer in der Falllinie steil den Berg hinauf. Wir wandern auf einem schönen »Abenteuerweg« – einem schmalen Pfad, der bei Nässe rutschig und über den Sommer dicht bewachsen ist. Wir überqueren einen Forstweg, danach

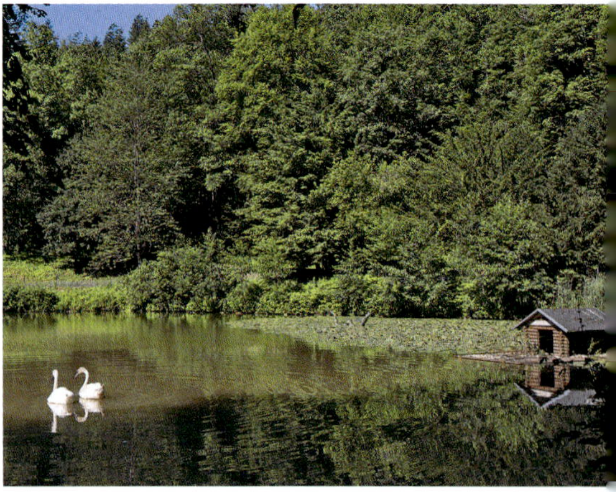

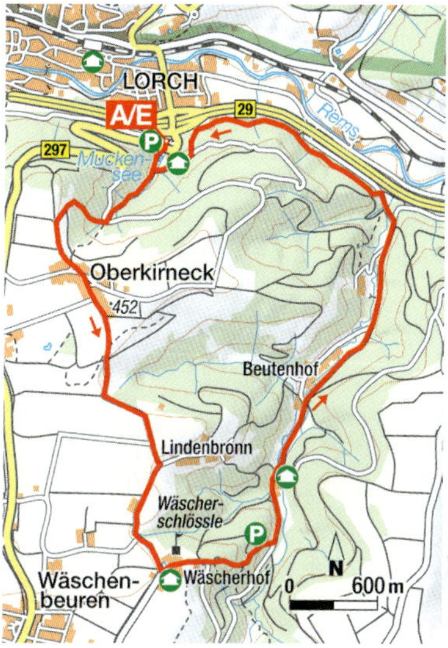

etwas nach rechts versetzt einen unbefestigten grasigen Weg. Nach dem Wald sehen wir auch wieder ein Wanderzeichen. Nun wandern wir auf Pfadspuren nach links über die Wiese. Bald geht es auf einem festen Feldweg hinauf nach Oberkirneck. Bei der Bushaltestelle nehmen wir die links weiterführende Wäscherhofstraße. Nach dem Dorf wandern wir in Richtung Wäscherschlössle auf dem Sträßchen durch die Felder, später durch den Golfplatz. In der Ansiedlung Wäscherhof biegen wir bei der kleinen Kapelle links ab zum Wäscherschlössle. Wir gehen vom Eingang aus die Treppe hinab und mit dem Wanderzeichen in Richtung Waldcafé durch den Parkplatz. Danach geht es abwärts zu einem Sträßchen. Nach links bringt es uns zum Waldcafé. Vorbei an einem Weiher und der Beutenmühle kommen wir bis kurz vor die B29.

Linke Seite: Der Muckensee liegt recht idyllisch im Wald.

Wo rechts ein Weg abzweigt, gehen wir mit dem blauen Punkt nach links in den Wald. Hier folgen wir dem Forstweg, der uns immer am Hang entlang oberhalb der Land- und der Bundesstraße bis zu einem Forstweg führt. Dieser bringt uns zum Muckensee, von wo wir zum Ausgangspunkt zurückgehen.

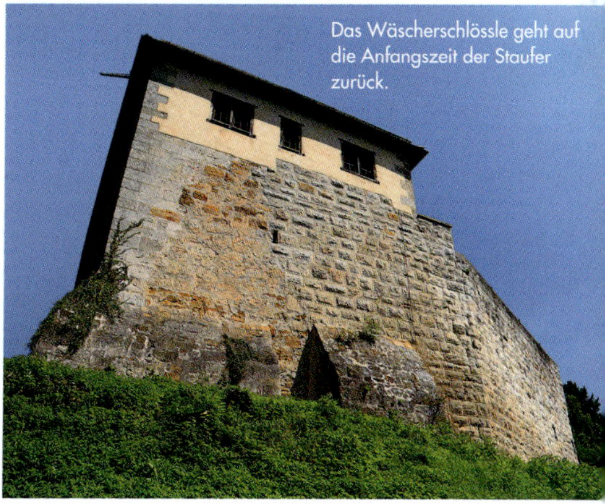

Das Wäscherschlössle geht auf die Anfangszeit der Staufer zurück.

29 Kurztour über Donzdorf

Beste Aussicht vom Messelstein

Leicht | 3,8 km | 80 Hm | 1 Std.

Tourencharakter: Wir spazieren auf einem festen Feldweg; wer will, kann zurück auch auf einem Pfad gehen.

Ausgangs-/Endpunkt: Donzdorf, Wanderparkplatz Messelberg, westlich von Schnittlingen (680 m)

Höchster Punkt: Messelstein (743 m)

Anfahrt: Auto: Auf der B 10, dann der B 466 nach Donzdorf, von dort auf der L 1401 hinauf auf die Albhochfläche in Richtung Schnittlingen. Der Parkplatz liegt vor dem Ort gleich nach dem Anstieg, GPS 48.681147, 9.840406; Bus & Bahn: Keine Verbindung.

Einkehr: Schnittlingen

Karte: Freizeitkarte F 521 Göppingen, 1:50 000 (LGL)

Informationen: www.donzdorf.de

Auch wer nicht viel Zeit hat, mit dem Kinderwagen unterwegs ist oder auch nicht gut zu Fuß ist, kann einen Aussichtsfelsen auf der Alb besuchen. Zum Messelstein kann man auf einem guten Feldweg spazieren, wer aber festes Schuhwerk anhat und auf einem Pfad wandern will, kann auf diesem zurückgehen und sogar noch zwei weitere Aussichtspunkte besuchen.

Am Anfang des Wanderparkplatzes nehmen wir den Zufahrtsweg zum Messelhof. Vor diesem Hof

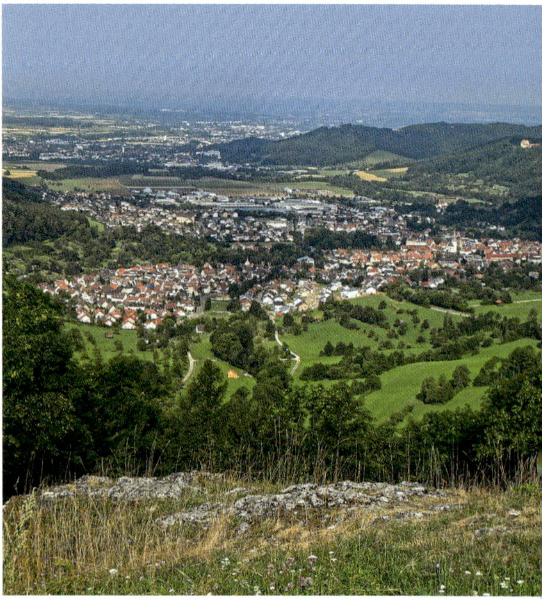

halten wir uns links und wandern etwas ansteigend hinauf zu einem von der Kolpingfamilie errichteten großen Kreuz am Trauf. 50 Meter weiter rechts befindet sich der Messelstein. Der markante Fels steht 350 Meter frei über dem Lautertal. Von ihm bietet sich eine herrliche Aussicht, man sieht auf das darunterliegende Donzdorf, dahinter nach Süßen, rechts davon liegen die Burg Staufeneck und das Schloss Ramsberg, dahinter sieht man Göppingen. Rechts befindet sich Lauterstein. Außerdem hat man einen prächtigen Blick zu den Kaiserbergen Hohenrechberg, Hohenstaufen und Stuifen.

Linke Seite: Am Albtrauf gibt es verschiedene Aussichtspunkte mit prächtigem Blick auf Donzdorf.

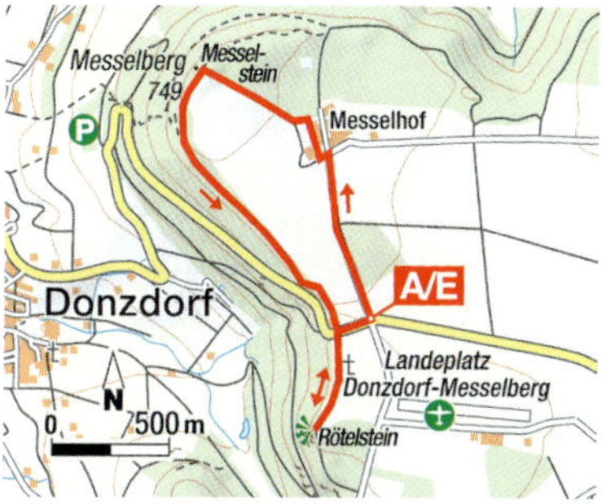

Nun muss man sich entscheiden. Wer es einfach will oder einen Kinderwagen dabeihat, geht auf demselben Weg zurück. Wer gut zu Fuß ist und auch festes Schuhwerk anhat, kann auf dem Pfad im Wald am Trauf entlang bis zur Landstraße wandern. Hier hält man sich links, dann gleich noch einmal und kommt zurück zum Parkplatz.

Empfehlenswert ist es aber, wenn man auf der anderen Seite der Straße in wenigen Minuten zu der kleinen Friedenskapelle und einem Drachenfliegerstartplatz weiterwandert. Er bietet ebenfalls eine herrliche Aussicht. Noch ein paar Minuten weiter kommt man zum Rötelstein. Von hier aus ist die Aussicht aber nicht ganz so umfassend wie bei den anderen beiden Stellen.

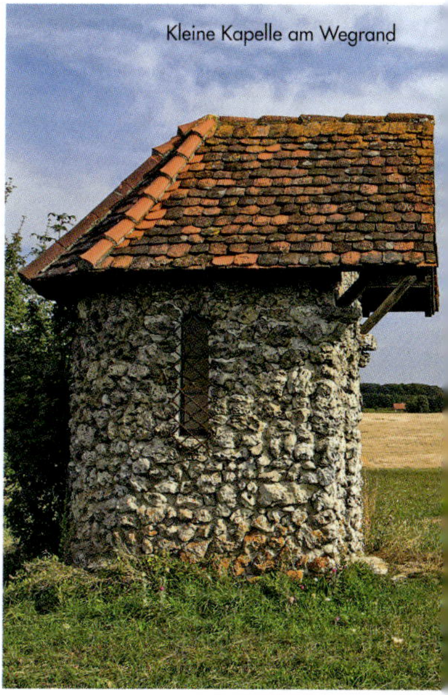

Kleine Kapelle am Wegrand

30 Über den Tegelberg

Aussichtreicher Traufweg über dem Filstal

Leicht | 9,8 km | 120 Hm | 2.40 Std.

Tourencharakter: Wir gehen auf festen Wegen und Pfaden.

Ausgangs-/Endpunkt: Donzdorf-Kuchalb, Parkplatz südlich des Weilers (670 m)

Höchster Punkt: Nach dem Kuhfelsen (695 m)

Anfahrt: Auto: B 10 bis Süßen, B 466 bis Donzdorf, weiter auf der Landstraße bis Donzdorf. Der Wanderparkplatz liegt etwas südlich von Kuchalb an der Straße zum Tegelhof. GPS 48.657751, 9.815299; Bus & Bahn: Keine Verbindung.

Einkehr: Tegelhof, Kuchalb

Karte: Freizeitkarte F 521 Göppingen, 1:50 000 (LGL)

Informationen: www.donzdorf.de

Auf dem Tegelberg finden wir einige Aussichtspunkte. Am schönsten ist der Blick hinab ins Filstal auf Süßen, Gingen und Geislingen an der Steige oder nach Norden, wobei man dabei die Ruine Scharfenberg im Vordergrund sieht.

Wir folgen der Straße in Richtung Tegelhof, bald mit einem Linksknick in den Wald. Nach diesem führt unser Weg nach links hinab zum Tegelhof, wo man einkehren kann, dann aber wieder zum Abzweig zurückkehrt. Ansonsten gehen wir mit dem Wanderzeichen nach rechts in den Wald. Kurz danach zieht der breite Forstweg nach rechts. Hier zweigen wir links ab und wandern in wenigen Minuten auf einem unbefestigten, aber gut zu gehenden Weg zum aussichtsreichen Kuhfelsen. Mit festem Schuhwerk kann man nach links

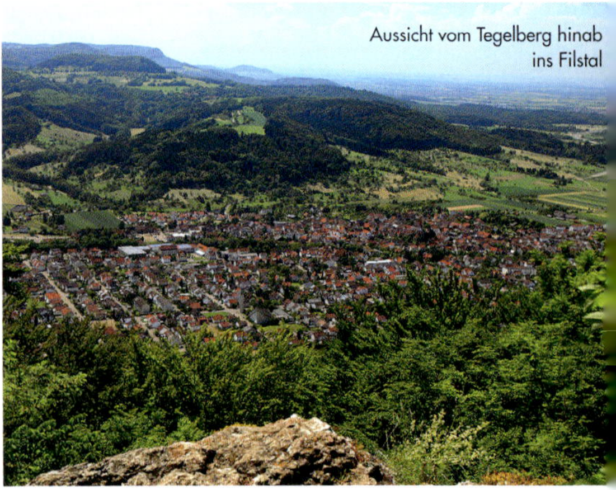

Aussicht vom Tegelberg hinab ins Filstal

einen etwa halbstündigen Abstecher zum Aussichtspavillon Tegelberg machen, der direkt über Geislingen liegt. Danach kehrt man wieder zurück zum Kuhfelsen. Hier folgt man dem Pfad am Trauf, mit leichtem Auf und Ab und vorbei an weiteren Aussichtspunkten zum Aussichtsfelsen Hohenstein. Nun halten wir uns rechts und gehen auf Kuchalb zu. Wo der Wald links zurückweicht, kann man auch zur »Maierhalde« mit ihrem Kreuz gehen. Von hier aus hat man Aussicht hinab ins Fils- und ins Lautertal, man sieht Donzdorf und andere Orte sowie zur Ruine Scharfenberg. Die Aussicht ist auf einer Metallscheibe erklärt. Dann halten wir uns rechts und kommen zum Zufahrtssträßchen, das von Donzdorf hochzieht. Nach rechts führt es uns zurück nach Kuchalb.

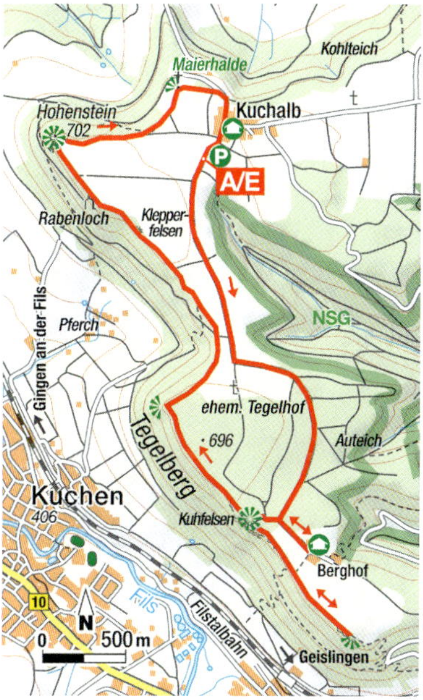

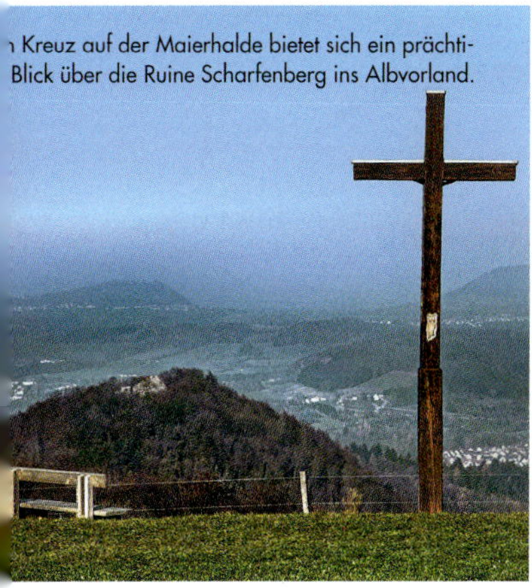

…n Kreuz auf der Maierhalde bietet sich ein prächti- Blick über die Ruine Scharfenberg ins Albvorland.

Baumriesen am Wegrand

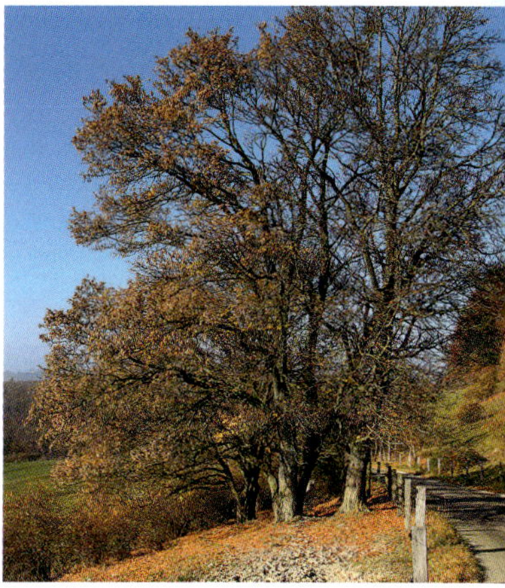

31 Ruine Helfenstein und Eybtal

Burguine und wildes Felsental

Schwer 8,3 km 250 Hm 2.30 Std.

Tourencharakter: Wir wandern auf asphaltierten und geschotterten Sträßchen und Wegen, aber auch auf schmalen Steigen, die Trittsicherheit erfordern.

Ausgangs-/Endpunkt: Geislingen an der Steige, Bahnhof (475 m)

Höchster Punkt: Vor dem Felsental (670 m)

Anfahrt: Auto: B 10, dann B466 nach Geislingen a. d. Steige. GPS 48.619115, 9.841198. Alternativ kostenloser Parkplatz vor der Ruine Helfenstein vor Weiler ob Helfenstein (GPS 48.616366, 9.851003). Anstieg dann erst am Ende der Wanderung; Bus & Bahn: Bahn nach Geislingen a. d. Steige

Einkehr: Evtl. Ruine Helfenstein, Eybach, Geislingen

Karten: Wanderkarte W230 Geislingen a. d. Steige, 1:25000 (LGL und Schwäbischer Albverein e.V.); Wanderkarte mit Radwegen Geislingen an der Steige, Blatt 56-539, 1:25000 (NaturNavi)

Informationen: www.geislingen.de

Nach dem Anstieg zur Ruine können wir uns mit einem herrlichen Blick hinab zur Fünf-Täler-Stadt Geislingen erholen. Danach folgt ein Abstieg durch das wildromantische Felsental. Zurück nach Geislingen wandern wir entlang der Eyb.

Am Bahnhof überqueren wir auf der Brücke die Gleisanlage zu der stadtabgewandten Seite. Als Wanderzeichen orientieren wir uns an der roten Gabel, die uns die ganze Zeit begleiten wird.

Nach der Brücke werden wir in Richtung »Ruine Helfenstein Felsental« nach rechts verwiesen. Wir gehen auch da geradeaus weiter, wo die Straße eine scharfe Linkskurve beschreibt und rechts die Häuser aufhören. Etwas später weist uns allerdings das

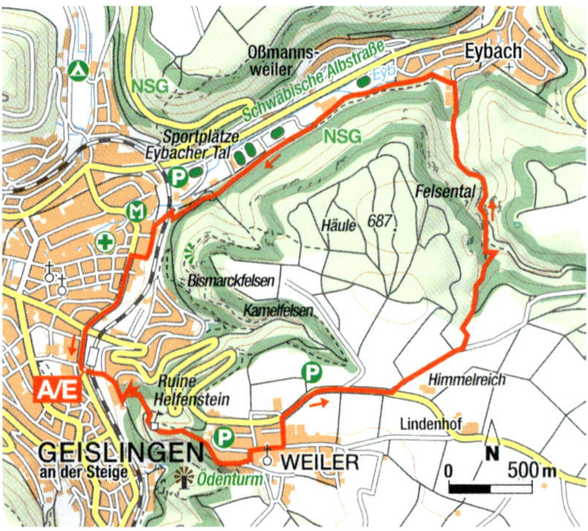

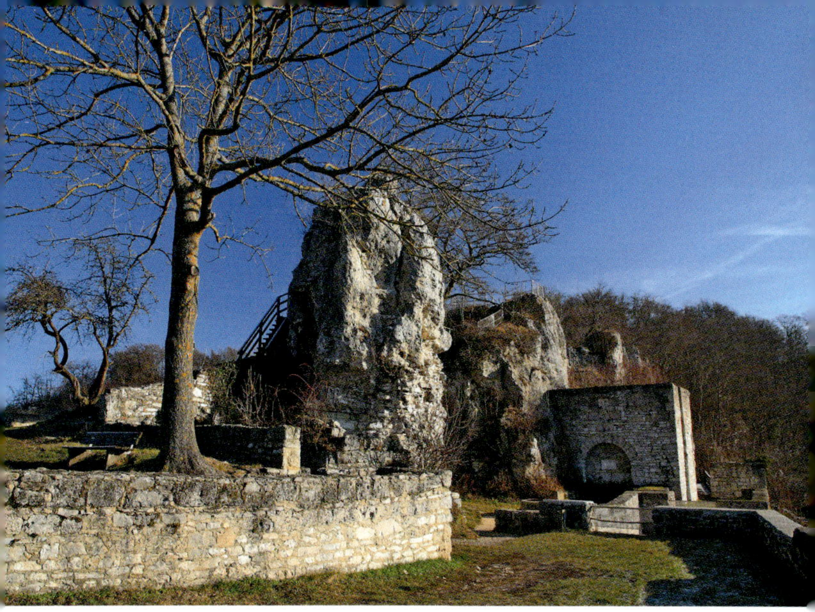

Zeichen nach links auf einen Pfad. Nun geht es in Serpentinen steil hinauf. Nach einer Hütte wandern wir nur noch mäßig ansteigend bis zum nächsten Querweg, dort biegen wir links ab. Kurz darauf geht

Oben und unten: Die Ruine Helfenstein hoch über Geislingen an der Steige ist ein mächtiges Bauwerk.

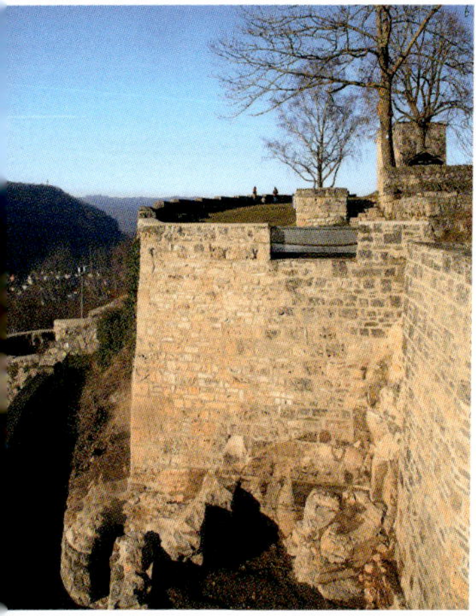

Ruine Helfenstein

Die um 1100 erstmals genannte Ruine Helfenstein gehörte erst den Grafen von Helfenstein, die im 14. Jahrhundert mit Besitzungen um Geislingen, Heidenheim, Blaubeuren und Wiesensteig eines der größten und geschlossensten Territorien im ansonsten recht zersplitterten Südwestdeutschland besaßen. Sie waren anfangs eng mit den Staufern verbunden und Gottfried von Spitzenberg-Helfenstein war lange Jahre Kanzler von Kaiser Friedrich I. Barbarossa und Bischof von Würzburg. Mitte des 13. Jahrhunderts gründeten sie am Fuß des Burgberges die Stadt Geislingen.

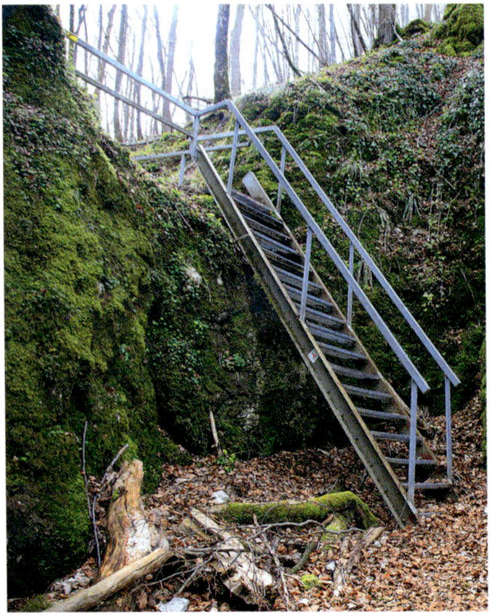

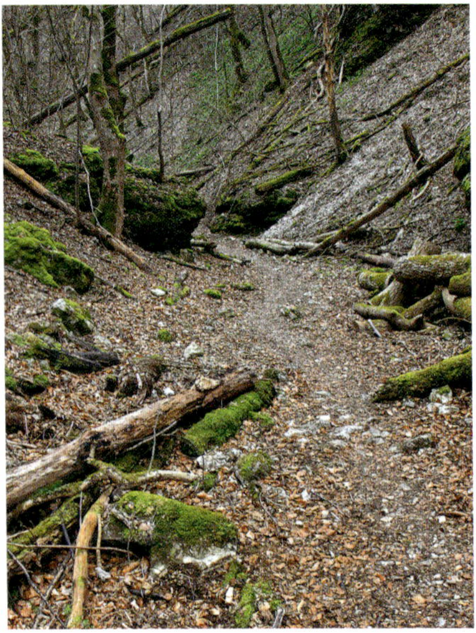

es aber nach rechts wieder steil hinauf, etwas später betreten wir aber schon die Burganlage. Nachdem wir die Ruine besichtigt und die Aussicht genossen haben, folgen wir weiter der roten Gabel in Richtung »Weiler Felsental«. Es geht auf schmalem Pfad noch etwas hinauf, dann erreichen wir Weiler ob Helfenstein.

Dort biegen wir an der ersten Straße links ab, gleich darauf an der Verzweigung nehmen wir den linken Weg. An der nächsten Querstraße (Ödenturmweg) orientieren wir uns links, danach erreichen wir eine Querstraße (links Burggasse, rechts Dorfstraße). Hier halten wir uns rechts und folgen der Dorfstraße bis zu einem Baum, der mitten in einer Kreuzung in einem Grasrondell steht. Hier werden wir nach links zur Landstraße (Schalkstetter Straße) verwiesen.

Der Landstraße folgen wir nach rechts. Es geht an einem Parkplatz vorbei, etwas später biegen wir unter den Überlandleitungen links ab und wandern auf dem Feldweg, bis wir mit dem Zeichen nach links über eine Wiese verwiesen werden. Gleich danach

Linke Seite oben und unten: Im wilden Felsental steigt man auch über eine Metalltreppe ab.

gehen wir nach links zu der Waldecke und im Wald nach rechts bergab.
Immer bergab gehend kommen wir nun ins Felsental, das durch eine wilde Natur mit mächtigen Felsen und umgestürzten, bemoosten Bäumen beeindruckt und auch eine steile eiserne Treppe besitzt. Nach dieser wandern wir weiter bergab, das Tal verliert nun seine Wildheit und nach einem Bildstock kommen wir nach Eybach.
Hier biegen wir links ab (»Waldweg nach Geislingen«). Rechts davon verläuft ein Naturpfad direkt neben der Eyb, der wir nun folgen. Vor der Reitanlage zieht die Eyb nach rechts, etwas später, vor dem Tennis- und dem Fußballplatz, mündet der Naturweg in einen markierten Weg ein, der immer links parallel verläuft. Wo Überlandleitungen queren, gehen wir an der Verzweigung geradeaus in Richtung Bahnhof weiter. Kurz danach sehen wir rechts unten wieder die Eyb, die die Bahngleise in einem Tunnel unterquert.

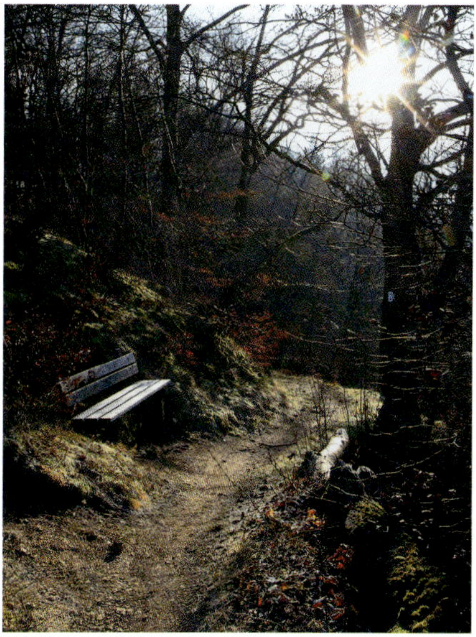

Vor der Ruine Helfenstein kann man beim Aufstieg noch einmal rasten. Besonders schön ist es bei morgendlichen Sonnenstrahlen.

Etwas später gehen wir in einem Durchlass nach rechts ebenfalls unter den Gleisen hindurch. Danach folgen wir ihnen parallel nach links. Der Weg knickt bald rechts ab und bringt uns unter der Bahnlinie hindurch zu den ersten Häusern von Geislingen. Dort halten wir uns kurz links, dann rechts und stoßen auf die Heidenheimer Straße. Ihr folgen wir nach links und gelangen zurück zum Bahnhof.

32 Wandern über Geislingen an der Steige

Aussichtspunkte und das Ostlandkreuz

Mittel | 7,4 km | 140 Hm | 2 Std.

Tourencharakter: Wanderung auf festen Wegen und guten Pfaden. Zwischen Geiselstein und Tiroler Felsen eine etwas rutschige Stelle. Man sollte immer gut auf das Wanderzeichen achten.

Ausgangs-/Endpunkt: Geislingen a. d. Steige, Parkplatz vor der Schildwacht (647 m)

Höchster Punkt: Hungerberg (704 m)

Anfahrt: Auto: A8 bis Mühlhausen, B466 bis Bad Ditzenbach, rechts und über Türkheim, bis kurz bevor es hinab nach Geislingen geht, nach rechts zur »Schildwacht Ostlandkreuz«. Danach links zum ersten Parkplatz nach der L1230. GPS 48.610146, 9.824540; Bus & Bahn: Keine Verbindung

Einkehr: Geiselsteinhaus

Karten: Wanderkarte W230 Geislingen a. d. Steige, 1:25 000 (LGL und Schwäbischer Albverein e.V.); Wanderkarte mit Radwegen Geislingen a. d. Steige, Blatt 56-539, 1:25 000 (NaturNavi)

Informationen: www.geislingen.de

Das mächtige Ostlandkreuz bietet einen der schönsten Blicke hinab auf Geislingen, seine verschiedenen Täler und seine Bergumrahmung. Aber auch der Bodenfels, der Geiselstein und der Tiroler Felsen sind herrliche Aussichtspunkte.

Wir gehen zuerst hinaus zum Bodenfelsen, danach folgen wir mit der roten Gabel dem Pfad, später der Straße. An der Schranke halten wir uns links zum Ostlandkreuz. Auf der großen Freifläche zweigen wir links ab auf einen Wiesenweg und kommen zur Schildwacht (665 m) und dem Ostlandkreuz.

Danach halten wir uns rechts und nehmen mit der gelben Gabel den zweiten Weg nach dem Wegweiser. Nach einer Weile zweigen wir vom breiten Weg links auf einem Pfad ab. Wo rechts des Weges das Geisel-

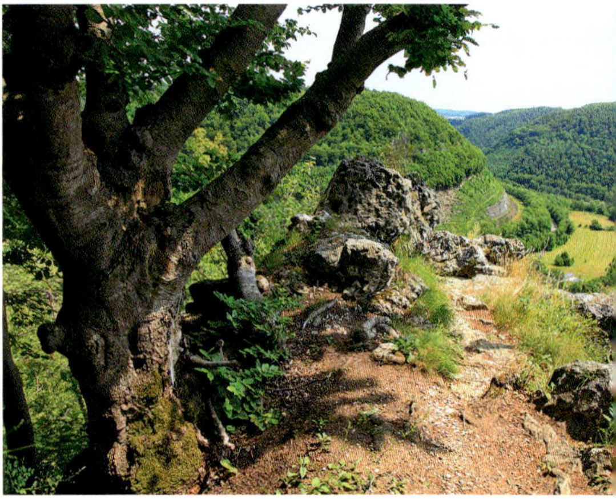

steinhaus liegt, wandern wir in Richtung »Tiroler Felsen« weiter. Nach links führt ein kurzer Abstecher zum aussichtsreichen Geiselstein. Danach gehen wir zurück und halten uns am Wanderschild vor der Geiselsteinhütte links in Richtung »Tiroler Felsen Wittingen«. Am Tiroler Felsen haben wir ein weiteres Mal eine Aussicht.

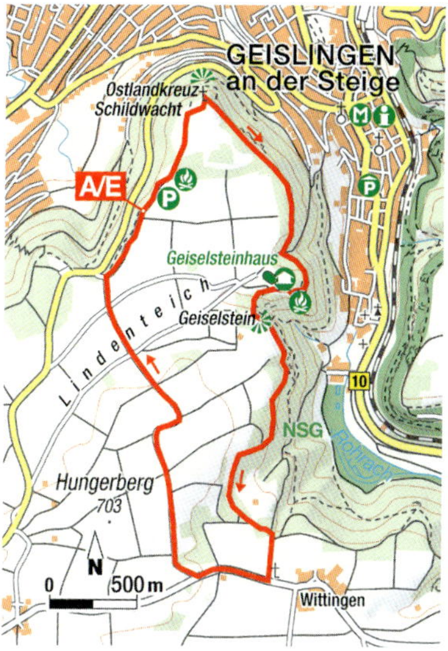

Wir wandern meist im Wald, bis wir rechts von Wittingen auf die Landstraße stoßen; hier sehen wir auch ein beeindruckendes Flurkreuz. Wir biegen rechts ab und folgen der Straße. Nach etwas Anstieg biegen wir rechts in den zweiten, asphaltierten Weg ab. Er bringt uns hinauf zum Hungerberg. Am Querweg danach halten wir uns rechts, gleich danach links. Nun wandern wir geradeaus bis zum Zufahrtssträßchen zur Schildwacht. Nach rechts geht es zurück zum Ausgangspunkt.

Linke Seite: Blick vom Geiselstein zur Geislinger Steige mit der berühmten Bahnstrecke

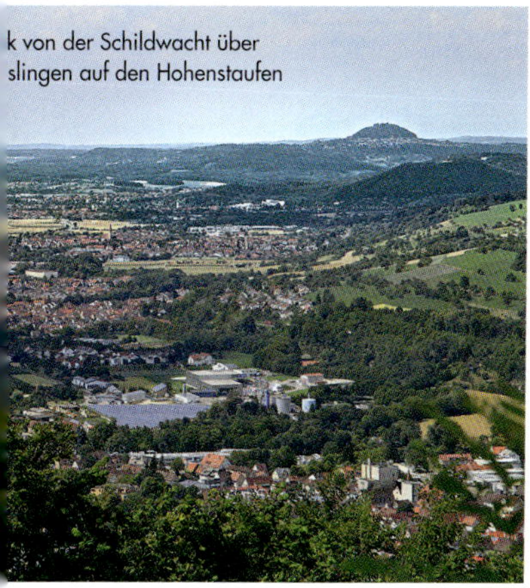

k von der Schildwacht über slingen auf den Hohenstaufen

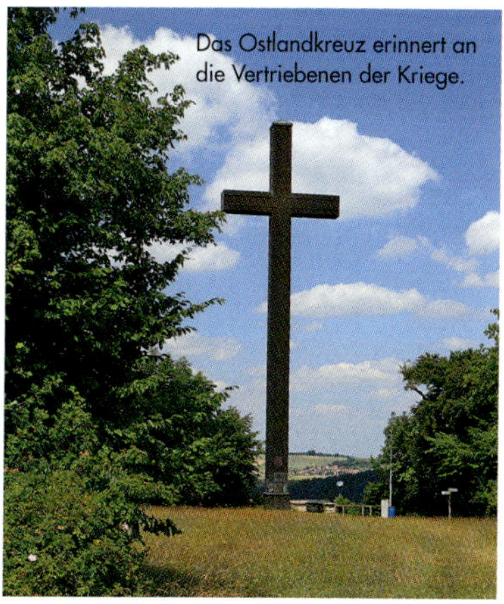

Das Ostlandkreuz erinnert an die Vertriebenen der Kriege.

33 Rund um den Michelsberg

Ein Aussichtspunkt nach dem anderen

Mittel | 9,8 km | 200 Hm | 2.45 Std.

Tourencharakter: Wir wandern überwiegend auf Naturpfaden, ansonsten auf Feldwegen oder Sträßchen.

Ausgangs-/Endpunkt: Bad Überkingen-Oberböhringen, Wanderparkplatz, wo die Altenstädter Straße am südöstlichen Ortsrand abknickt (730 m)

Höchster Punkt: Sendemast beim Aussichtspunkt Sandgrube (745 m)

Anfahrt: Auto: B 10 bis Geislingen an der Steige, dann kurz nach Stadtbeginn rechts ab in die Oberböhringer Straße. GPS 48.616199, 9.782518; Bus & Bahn: Bahn bis Geislingen an der Steige, weiter mit dem Bus

Einkehr: Oberböhringen

Karten: Wanderkarte W230 Geislingen a. d. Steige, 1:25 000 (LGL und Schwäbischer Albverein e.V.); Wanderkarte mit Radwegen Geislingen a. d. Steige, Blatt 56-539, 1:25 000 (NaturNavi)

Informationen: www.loewenpfade.de, www.bad-ueberkingen.de

Diese Wanderung ist der schönste Teil der »Felsenrunde« der Löwenpfade des Landkreises Göppingen. Sie verläuft bereits auf der Höhe und ohne große Höhenunterschiede rund um den Michelsberg und führt zu zahlreichen Aussichtsfelsen.

Wir folgen dem Feldweg nach Südosten bis zum Waldrand, wo wir auf die ausgeschilderte Felsenrunde treffen. Hier halten wir uns rechts und folgen den Wanderzeichen am Trauf entlang.
Schnell sind wir an den Aussichtspunkten Jungfraufels und Hausener Fels, wo der Weg rechts abknickt. Etwas später geht es in Richtung »Aussichtspunkt Sandgrube« links ab. Nach sanftem Bergab wandern wir nach rechts weiter, gleich danach halten wir

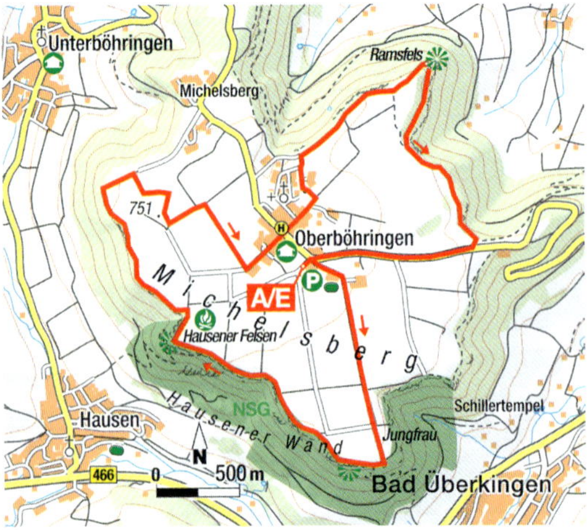

uns wieder rechts, nun etwas ansteigend. Bald werden wir nach links in ein Wäldchen verwiesen.

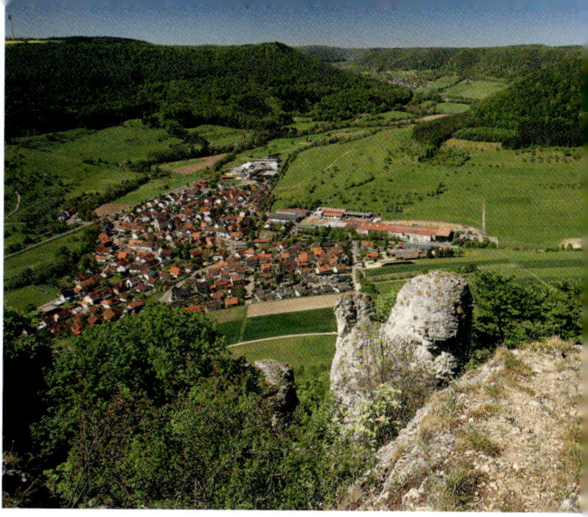

Vor dem Sendemast können wir nach rechts einen kurzen Abstecher zum Aussichtspunkt Sandgrube machen. Ansonsten wandern wir geradeaus weiter. Wir treffen auf einen festen Feldweg, dem wir nach links nach Oberböhringen folgen. Vor dem Ort geht es rechts ab auf einen Feldweg. Am nächsten querenden Feldweg biegen wir links ab. Er führt uns als Michael-Knoll-Straße in den Ort. Nach der Kreuzung gehen wir in der Von-Krafft-Straße geradeaus weiter. An der Schranke beim Golfplatz behalten wir unsere Richtung bei, werden aber gleich nach links zum Restaurant verwiesen. An diesem spazieren wir links durch den Parkplatz vorbei. Am Waldrand biegen wir rechts ab zum Ramsfels. Wo der Schotterweg nach rechts zieht, wandern wir nach links im Wald auf einem Pfad weiter zum Ramsfels. Hier knickt der Weg rechts ab. Später erreichen wir eine Straße. Sie bringt uns nach links zu unserem Ausgangspunkt.

Von den Aussichtsfelsen bieten sich prächtige Blicke hinab ins Filstal.

Die Tour bietet gemütliches Wandern ohne große Höhepunkte von Aussichtspunkt zu Aussichtspunkt.

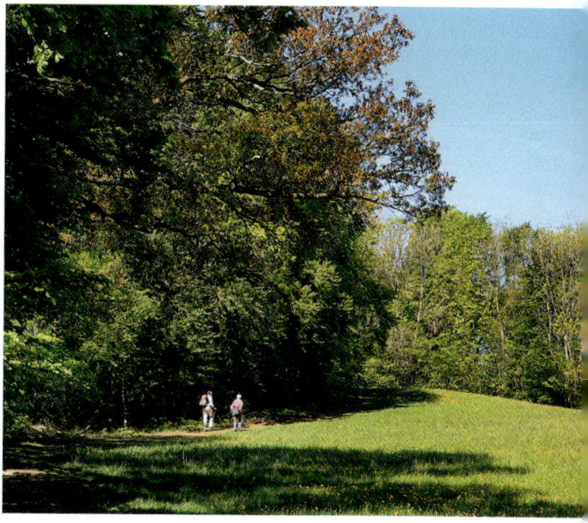

34 Natursehenswürdigkeiten über Bad Überkingen

Märzenbecher und Autalwasserfall

Leicht | 5,2 km | 150 Hm | 1.30 Std.

Tourencharakter: Meist gute Wege, nur beim Abstieg nach dem Wasserfall ist der Weg kurz unbefestigt und steil. Kurze Steigung am Anfang.

Ausgangs-/Endpunkt: Bad Überkingen, Parkplatz Ausgangspunkt Märzenbecher (446 m)

Höchster Punkt: Am Abzweig nach dem Autalwasserfall (583 m)

Anfahrt: Auto: A8 bis Mühlhausen, B466 nach Bad Überkingen. Am westlichen Ortsrand rechts in die Hausener Straße und rechts zum Parkplatz, GPS 48.599291, 9.787020. Alternativ gegenüber der Autalhalle in der Hausener Straße parken, GPS 48.599421, 9.788656; Bus & Bahn: Bahn bis Göppingen oder Eislingen (Fils), weiter mit dem Bus

Einkehr: Bad Überkingen

Karten: Wanderkarte W230 Geislingen a. d. Steige, 1:25000 (LGL und Schwäbischer Albverein e.V.); Wanderkarte mit Radwegen Geislingen a. d. Steige, Blatt 56-539, 1:25000 (NaturNavi)

Informationen: www.bad-ueberkingen.de

Diese Wanderung führt zu den beiden großen Natursehenswürdigkeiten von Bad Überkingen: Wir wandern durch das Autal zu den Stellen, an denen im Frühjahr Massen von Märzenbechern blühen. Danach besuchen wir den beeindruckenden Autalwasserfall.

Wir folgen dem Feldweg in Richtung Westen. Nach der Linkskurve gehen wir durch die Baumwiesen nach rechts hinauf zum Wald. Dort folgen wir dem querenden Forstweg nach links. Bald kommen wir in das Naturschutzgebiet Autal, wo wir große Flächen mit Märzenbechern sehen.

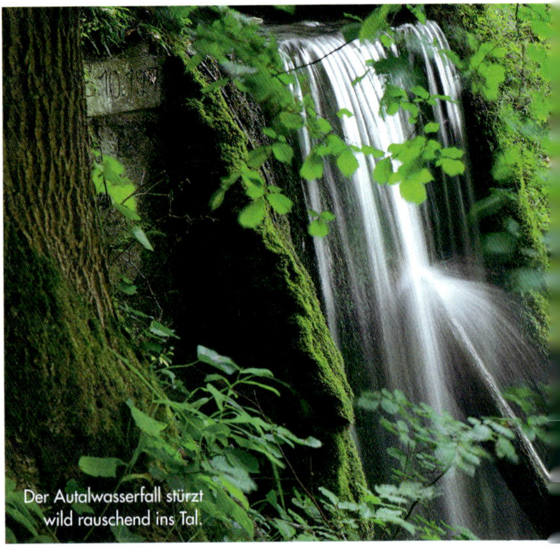

Der Autalwasserfall stürzt wild rauschend ins Tal.

Wo wir links einen kleinen hölzernen Pavillon sehen, behalten wir unsere Richtung bei und kommen zum Auslauf des Autalwasserfalles. Hier kann man nach rechts zum Fuß des Wasserfalles gelangen. Wer gut zu Fuß ist, kann sogar noch höher steigen. Danach folgen wir dem breiten Weg geradeaus, dann geht es nach Bad Überkingen nach links, erst auf einem steinigen und grasigen Weg steil hinab.

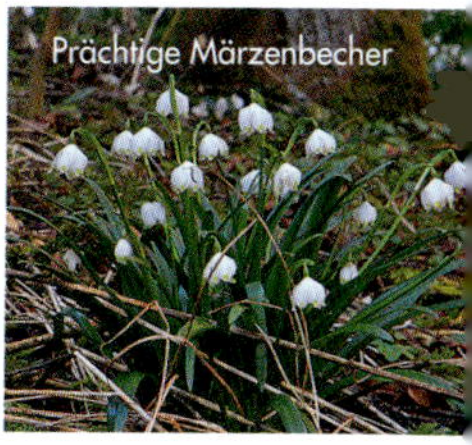

Prächtige Märzenbecher

Nach dem Wildgehege wird der Weg besser. Bei den ersten Häusern von Bad Überkingen gehen wir geradeaus weiter. Vorbei am Friedhof kommen wir zur Hohen Gasse. Dort biegen wir links ab und gehen zur Hausener Straße. Ihr folgen wir nach links bis kurz vor die B466. Hier biegen wir links ab und gehen auf bekanntem Weg zurück zum Ausgangspunkt.

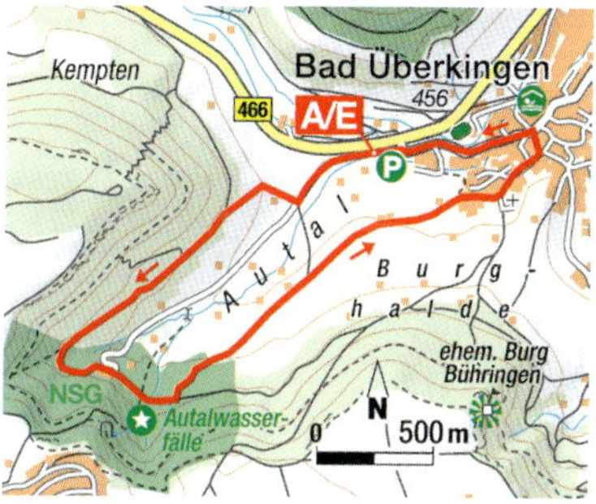

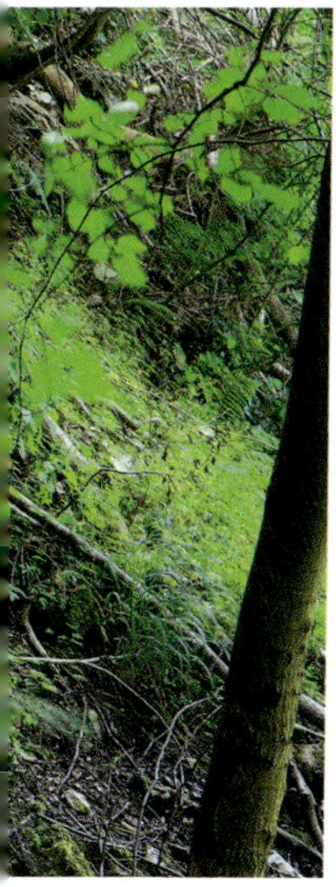

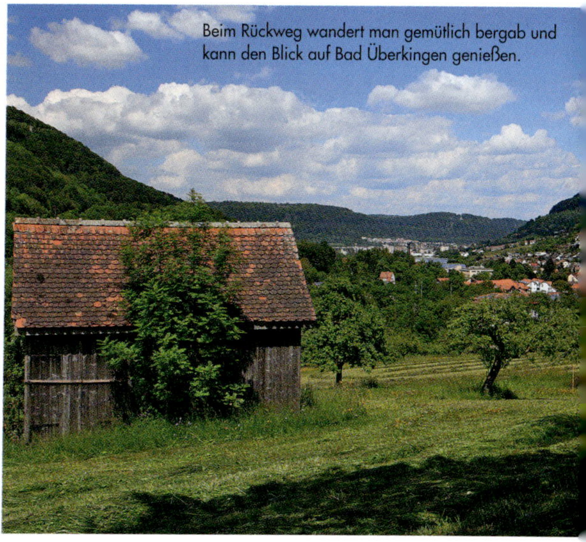

Beim Rückweg wandert man gemütlich bergab und kann den Blick auf Bad Überkingen genießen.

35 Über Ave Maria zur Buschelkapelle

Wallfahrtskirche und Aussicht ins Filstal

Mittel | 6,9 km | 300 Hm | 2.20 Std.

Tourencharakter: Die Wanderung verläuft auf Pfaden und festen Wegen.

Ausgangs-/Endpunkt: Deggingen, Parkplatz unterhalb der Wallfahrtskirche, Ave-Maria-Weg (510 m)

Höchster Punkt: Traufweg vor der Buschelkapelle (770 m)

Anfahrt: Auto: A 8 bis Mühlhausen im Täle und B 466 nach Deggingen oder B 10 bis Süssen, dann L 1218 nach Deggingen. Von der B 466 aus ist die Wallfahrtskirche Ave Maria ausgeschildert. Parkplatz unterhalb der Kirche. GPS 48.596597, 9.733298; Bus & Bahn: Bahn bis Geislingen, weiter mit dem Bus bis Deggingen, Haltestelle Abzweig Ave Maria

Einkehr: Deggingen

Karten: Wanderkarte W230 Geislingen a. d. Steige, 1:25 000 (LGL und Schwäbischer Albverein e.V.); Wanderkarte mit Radwegen Geislingen a. d. Steige, Blatt 56-539, 1:25 000 (NaturNavi)

Informationen: www.deggingen.de

Wer gerne Kunst- und Naturgenuss vereint, wird seine Freude an dieser Tour haben. Wir wandern nicht nur an der Wallfahrtskirche Ave Maria vorbei, sondern können auf dem Rückweg in Deggingen auch die prächtig ausgestattete Pfarrkirche besuchen.

Wir spazieren zuerst hinauf zur Wallfahrtskirche Ave Maria. Nach ihr geht es mit der roten Raute in Richtung »Buschelkapelle Kilianskreuz«. Der Weg steigt

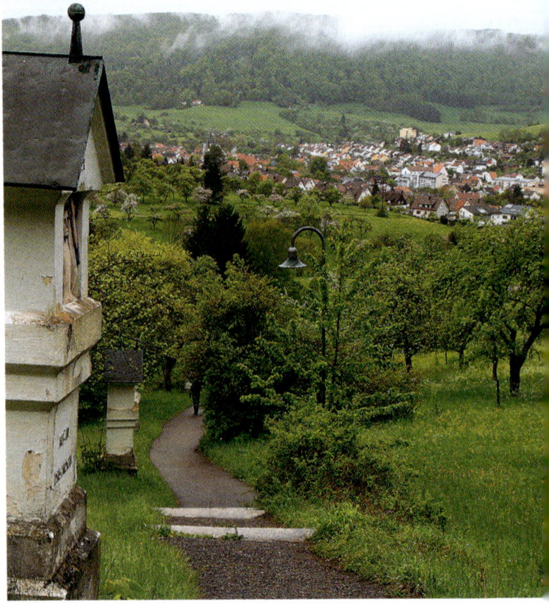

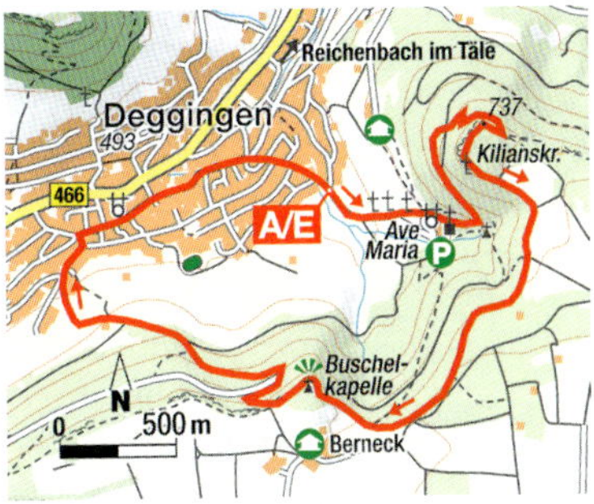

erst steil an, dann knickt er nach links ab und bringt uns hoch auf die Albhochfläche. Hier halten wir uns mit der roten Gabel rechts und wandern bis zur Buschelkapelle und ihrem Aussichtspunkt.
Danach geht es mit der roten Raute wieder hinab nach Deggingen. Im Ort biegen wir am Brunnen rechts ab in die Hauptstraße. Gleich danach steht links die sehenswerte Kirche. Anschließend spazieren wir immer geradeaus. Danach gehen wir in der Mühlstraße bis zum Ave-Maria-Weg, der uns nach rechts zurück zum Ausgangspunkt bringt.

Linke Seite: Blick von der Wallfahrtskirche Ave Maria auf Deggingen

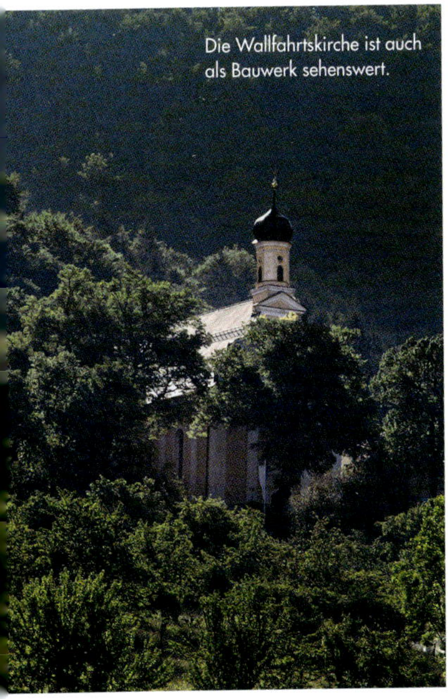
Die Wallfahrtskirche ist auch als Bauwerk sehenswert.

Wallfahrtskirche Ave Maria

Anstelle der Wallfahrtskirche befand sich hier an einer »heilsbringenden« Quelle einst eine frühgermanische Kultstätte. Diese wurde später in eine christliche Stätte umgewidmet und es entstand schließlich zur Zeit der Gotik eine große Kirche. Diese verfiel nach der Reformation und nur die kleine Kapelle blieb übrig. 1716 bis 1718 wurde dann die heutige Wallfahrtskirche, ein Glanzstück des deutschen Spätbarocks/Rokokos, erbaut. Sehenswert sind die Fresken (1754) und die Stuckaturen der Bildhauer und Stuckateure U. Schweizer und seinem Sohn J. J. Schweizer aus der berühmten Degginger Künstlerfamilie. Der prachtvolle Hochaltar ist in weißem Stuck gehalten. Das Gnadenbild ist eine Madonna der Ulmer Schule (15. Jh.) aus der alten Kirche.

36 Am Albtrauf über Bad Ditzenbach

Aussicht ins Filstal

Leicht | 4,5 km | 40 Hm | 1.15 Std.

Tourencharakter: Die Wanderung verläuft in der ersten Hälfte auf gut zu gehenden Pfaden, der Rückweg auf einem Zufahrtsweg zu einer Ansiedlung und entlang der Landstraße.

Ausgangs-/Endpunkt: Bad Ditzenbach, Parkplatz Schonterhöhe (740 m)

Höchster Punkt: Um Obergfels (750 m)

Anfahrt: Auto: A 8 bis Ausfahrt Mühlhausen, dann durch das Filstal bis Bad Ditzenbach, von dort auf die Albhochfläche in Richtung Aufhausen bis zum Parkplatz auf der Schonterhöhe. GPS 48.581889, 9.725267; Bus & Bahn: Keine Verbindung

Einkehr: Gasthaus Burgruine, Berneck

Karten: Wanderkarte W230 Geislingen a. d. Steige, 1:25000 (LGL und Schwäbischer Albverein e.V.); Wanderkarte mit Radwegen Geislingen a. d. Steige, Blatt 56-539, 1:25000 (NaturNavi)

Informationen: www.deggingen.de

Zu Beginn wandern wir durch den Wald am Albtrauf entlang, trotzdem hat man immer wieder einen prächtigen Blick hinab ins Filstal. Danach geht es durch eine mit Wiesen vermischte Felderlandschaft, die durch ihren verschiedenartigen Bewuchs ein reizvolles Mosaik ergibt.

Wir wandern vom Parkplatz zur K 1436. Etwas links versetzt geht auf der anderen Seite ein mit der roten Gabel markierter Pfad ab. Auf ihm wandern wir entlang von Feldern, dann im Wald. Bevor er rechts abknickt, liegt links ein Aussichtsplatz. Kurz danach biegt der Weg scharf rechts ab, hier gehen wir zum Trauf zum aussichtsreichen Oberbergfels. Danach folgt der Eckfelsen. Später verlassen wir kurzzeitig den Wald, auch hier finden wir einen Aussichtsplatz. Danach geht es bergab zu einem querenden Weg.

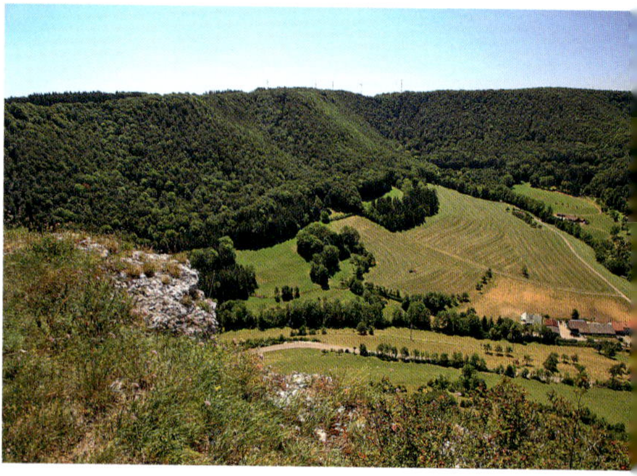

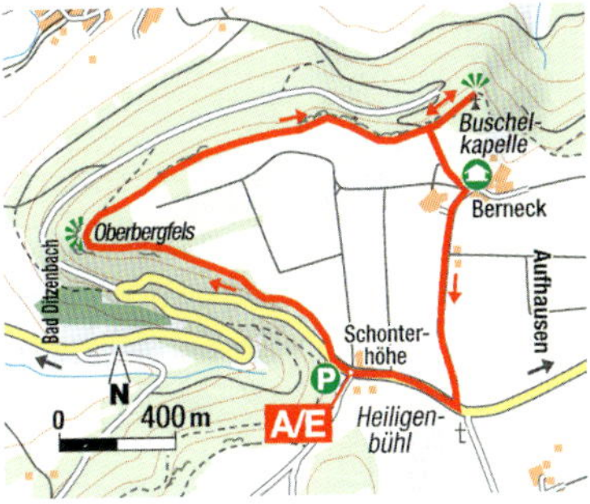

Burg Berneck und Buschelkapelle

Um 1250 erbaut wurde die Burg 1288 erstmals erwähnt, um 1350 vermutlich aber bereits aufgegeben. 1372 wurde sie bereits als Burgstall bezeichnet. Im Jahr 1435 befand sich die Burgstelle im Besitz der Grafen von Helfenstein. Zur Burg gehörte die Buschelkapelle. Für sie wurde 1860 vom bischöflichen Ordinariat Rottenburg eine Erlaubnis zur Zelebrierung der Heiligen Messe erteilt. In der Kapelle befindet sich eine lebensgroße Madonna (um 1730).

Hier biegen wir rechts ab nach Berneck. Wir halten uns links, dann gleich wieder rechts. Es geht durch ein paar mächtige Wälle und Gräben, die auf die ehemalige Burg hinweisen, und bald erreichen wir die Buschelkapelle. Danach wandern wir wieder zurück zum Abzweig und dort hinauf zur Burgruine Berneck. Wir durchwandern die Ansiedlung und gehen auf dem Zufahrtsweg zur Landstraße. Auf ihr halten wir uns kurz rechts und kommen zurück zum Ausgangspunkt.

Linke Seite: Blick vom Albtrauf ins Filstal

Auch die Albhochfläche bietet reizvolle Szenen.

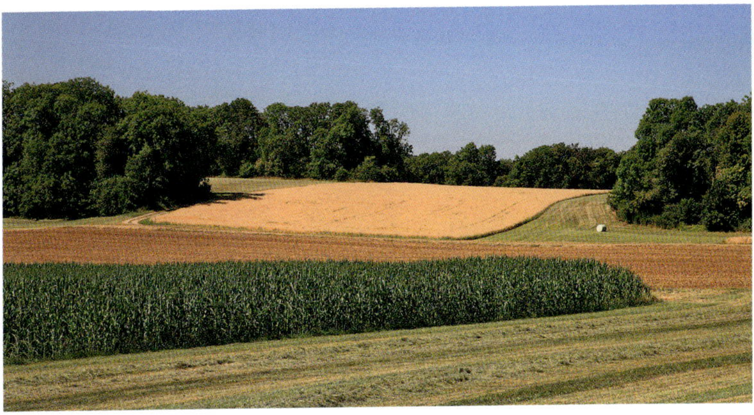

37 Zur Ruine Hiltenburg

Hinauf in den Wald

Mittel | 5,7 km | 190 Hm | 1.45 Std.

Tourencharakter: Wir wandern auf festen Wegen.

Ausgangs-/Endpunkt: Bad Ditzenbach, Burgsteige, gegenüber vom Tourismus- und Kulturbüro (526 m)

Höchster Punkt: Ruine Hiltenburg (716 m)

Anfahrt: Auto: A 8 bis Ausfahrt Mühlhausen im Täle oder B 10 bis Geislingen an der Steige. Von beiden Seiten ist Bad Ditzenbach auf der B 466 zu erreichen. GPS 48.585433, 9.700709; Bus & Bahn: Bahn bis Göppingen oder Geislingen an der Steige, weiter mit dem Bus

Einkehr: Bad Ditzenbach, evtl. AV-Hütte

Karten: Wanderkarte W 230 Geislingen a. d. Steige, 1:25 000 (LGL und Schwäbischer Albverein e.V.); Wanderkarte mit Radwegen Geislingen a. d. Steige, Blatt 56-539, 1:25 000 (NaturNavi)

Informationen: www.badditzenbach.de

Das Kurstädtchen Bad Ditzenbach und die Hiltenburg zählen zu den interessantesten Ausflugszielen im Filstal. Der Ausflug zur Ruine führt uns auch durch ein schönes Stück Natur. Nach der Wanderung kann man sich in der Vinzenz Therme entspannen.

Wir gehen mit der roten Raute die Bergsteige hoch, biegen links in die Schloßbergstraße ein und halten uns gleich rechts in den Hiltenburgweg zur Hiltenburg. Er bringt uns hinauf zum Waldrand, wo wir

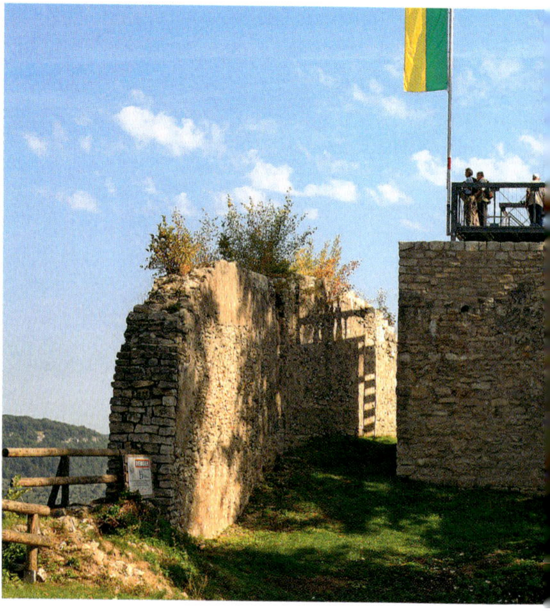

mit dem Wanderzeichen dem zweiten Weg nach links folgen. Nun geht es weiter, bis rechts der Weg zur Ruine abzweigt. Er führt uns direkt zur Hiltenburg. Hier genießen wir die Aussicht ins Filstal.

Danach gehen wir wieder hinab zum Abzweig, wandern aber geradeaus weiter. Jetzt umrunden wir das Brunnental, bis wir auf die K 1436/Hauptstraße treffen. Nach rechts würde sie nach Aufhausen führen, wir halten uns aber links und gehen zurück nach Bad Ditzenbach. Nach den ersten Häusern biegen wir links ab in die Helfensteinstraße, die uns zurück zur Burgsteige führt.

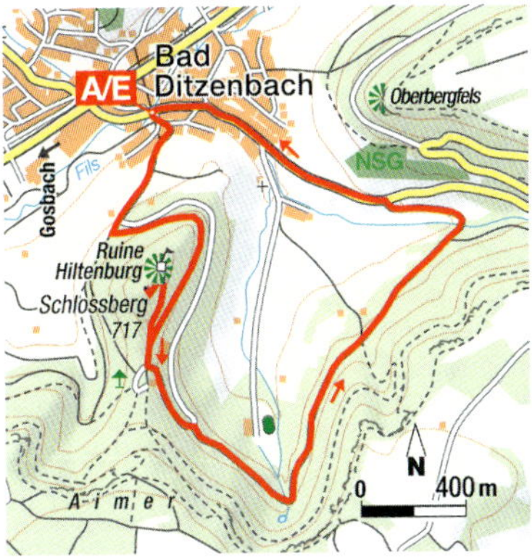

Die Hiltenburg ist eine mächtige Anlage mit einem kleinen Museum und bietet auch einen schönen Blick hinab ins Filstal.

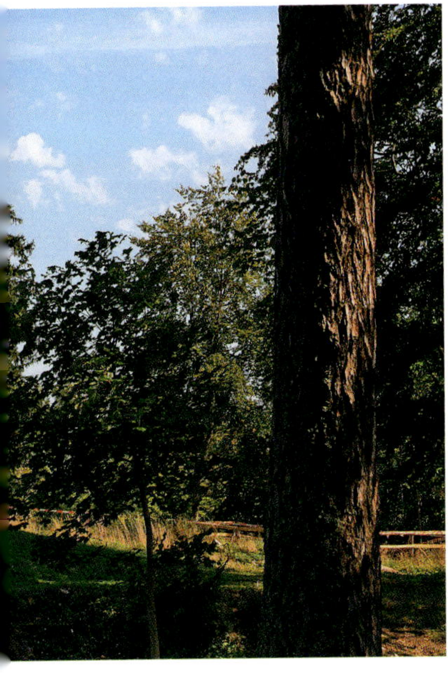

Ruine Hiltenburg

Die Ruine Hiltenburg stammt vermutlich aus der Zeit um 1200, nachweisbar ist sie ab 1289. Sie wurde von Ortsadeligen erbaut und war die bedeutendste Burg im oberen Filstal. Zeitweise befand sich hier der Sitz eines helfensteinischen Amtmannes, zwischen 1396 und 1551 der Hauptwohnsitz der Grafen von Helfenstein, nachdem diese ihren Besitz an die Reichsstadt Ulm verkauft hatten. 1516 wurde sie von Herzog Ulrich niedergebrannt, nachdem von ihr aus ein Kanonenschuss auf ihn abgegeben wurde; dies war mit ein Grund für seine zweite Ächtung. Heute sind noch beachtliche Reste der Anlage vorhanden, außerdem bietet sie einen schönen Blick hinab ins Filstal.

38 Zum Tierstein und zum Badfels

Wiesen, Wald und Aussicht

Mittel | 5,6 km | 70 Hm | 1.30 Std.

Tourencharakter: Wir wandern meist auf Pfaden und unbefestigten Wegen. Sie sind gut zu gehen, allerdings ist die Tour bei nassem Wetter nicht zu empfehlen.

Ausgangs-/Endpunkt: Bad Ditzenbach, Wanderparkplatz Aimer (753 m)

Höchster Punkt: Kurz nach dem Start im Wald (782 m)

Anfahrt: Auto: Auf der A 8 bis Ausfahrt Mühlhausen im Täle, dann auf der B 466 nach Gosbach und in der Neuen Steige hinauf zum Parkplatz. GPS 48.568358, 9.688795; Bus & Bahn: Keine Verbindung

Karten: Wanderkarte W 238 Metzingen, 1:25 000 (LGL und Schwäbischer Albverein e.V.); Wanderkarte mit Radwegen Geislingen an der Steige, Blatt 56-539, 1:25 000 (NaturNavi)

Informationen: www.badditzenbach.de

Hinweis: Wer auf den Abzweig zum Badfels verzichtet, geht zwei Kilometer weniger.

Die Wanderung bietet uns zwei prächtige Aussichtsfelsen. Dazwischen führt sie uns durch eine schöne Wiesenlandschaft und durch Wald. Am Anfang sind die Wege zwar nicht auf den amtlichen Karten verzeichnet, dafür können wir aber den Zeichen der Löwenpfade folgen. Am Ausgangspunkt gibt es einen schönen Spielplatz.

Wir folgen kurz dem Sträßchen nach Süden. Gleich darauf zweigen wir aber mit dem Zeichen der Löwenpfade links ab. Nun wandern wir auf einem schönen Grasweg durch die Wiesen und am Waldrand entlang. Im Wald dann wandern wir auf einem unbefestigten, aber gut zu gehenden Weg weiter. In einen festen Weg schwenken wir rechts ein und ge-

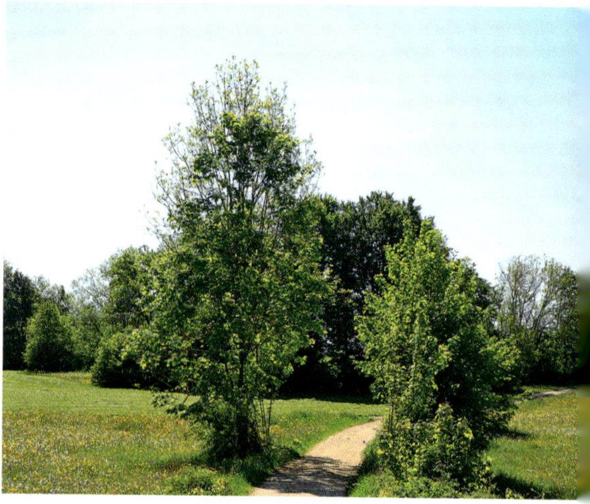

langen zum Waldrand. Dort werden wir nach links auf einen schmalen Pfad verwiesen. Er bringt uns hinab zum Trauf und einem querenden Weg. Hier steht auch ein Wanderschild. Wir gehen erst mit der roten Gabel nach rechts zum Badfels, kehren aber wieder hierher zurück. Am Badfels bietet sich uns von der Bank schon eine Aussicht, schöner ist es allerdings wenn man dem schmalen Pfad links der Bank hinaus zum Felskopf folgt. Danach gehen wir wieder zurück und wandern geradeaus weiter. Am Tierstein haben wir nicht nur einen Blick ins Filstal, sondern auch zum Drackensteiner Hang und zur Autobahn A8. Nun folgen wir dem Wanderzeichen nach links. Die rote Gabel bringt uns zu einem querenden breiten Forstweg. Auf ihm verlassen wir den Wald und spazieren in wenigen Minuten durch eine schöne Wiesenlandschaft zurück zum Ausgangspunkt.

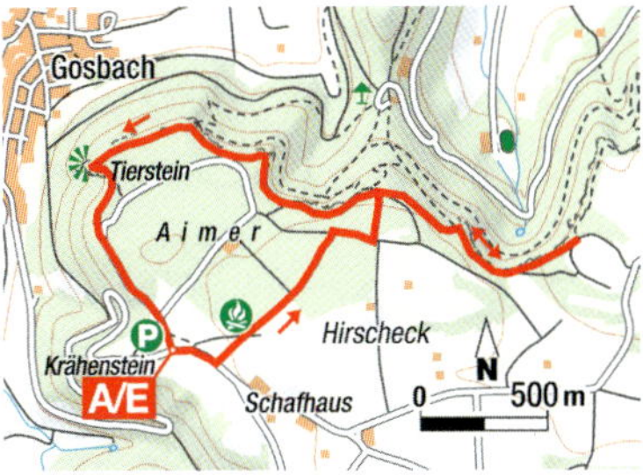

Links: Auf dem Weg über die Albhochfläche

Mitte: Blick vom Tierstein ins Filstal und auf die Autobahn A8

Rechts: Zwischen den Aussichtsfelsen wandert man durch einen schönen Wald.

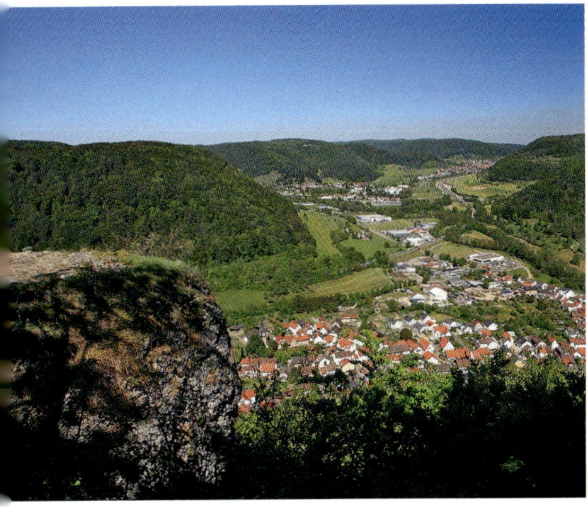

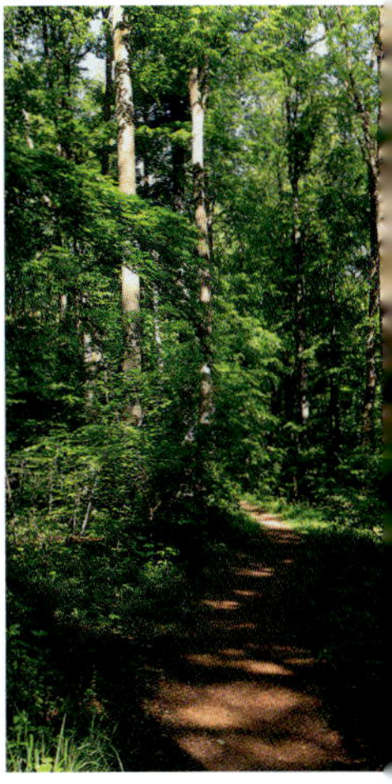

39 Von Wiesensteig zum Filsursprung

Entlang des Baches zur Quelle

Mittel | 8,6 km | 110 Hm | 2.20 Std.

Tourencharakter: Wir wandern auf geschotterten und asphaltierten Wegen bzw. einem Sträßchen, und, wenn man will, auf der einen Seite der Fils auf einem Naturweg.

Ausgangs-/Endpunkt: Wiesensteig, Parkplatz Schloss, Sommerbergstr. 57 (581 m)

Höchster Punkt: Auf dem Schotterweg zwischen Filsquelle und Papiermühle (657 m)

Anfahrt: Auto: Autobahn A8 bis Mühlhausen im Täle, weiter nach Wiesensteig, Parkplatz Schloss. Weitere Parkplätze in Wiesensteig auch im Zentrum unterhalb der Kirche. GPS 48.565512, 9.629116; Bus & Bahn: Bahn bis Geislingen, dann Bus bis Wiesensteig

Einkehr: Wiesensteig

Karte: Wanderkarte W238 Metzingen, 1:25 000 (LGL und Schwäbischer Albverein e.V.), Wanderkarte mit Radwegen Blatt 54-539 Göppingen Kirchheim unter Teck, 1:25 000 (NaturNavi)

Informationen: www.wiesensteig.de

Die Landschaft um die Filsquelle und der junge Fluss in seinem Lauf bis Wiesensteig gehören zu den idyllischsten Gegenden in der Umgebung. Insbesondere der Bereich um den Filsursprung ist ein lohnenswertes Ziel.

Ab dem Parkplatz Schloss folgen wir der Sommerbergstraße nach Westen, biegen links ab in die Bahnhofstraße und gleich darauf rechts in die Hauptstraße. Nun spazieren wir durch das sehenswerte Fachwerkzentrum Wiesensteigs.

Wir gehen immer geradeaus weiter, auch unterhalb der Kirche, wo die Westerheimer Straße nach links hinaufzieht. Dann halten wir uns links in die Seestraße (»Parkplatz Freibad«). Wir wandern immer geradeaus, am beheizten Tälesbad vorbei, danach auf einem Schotterweg bis zur Papiermühle. Dort starten auch diejenigen Wanderer, die nur die kurze Variante

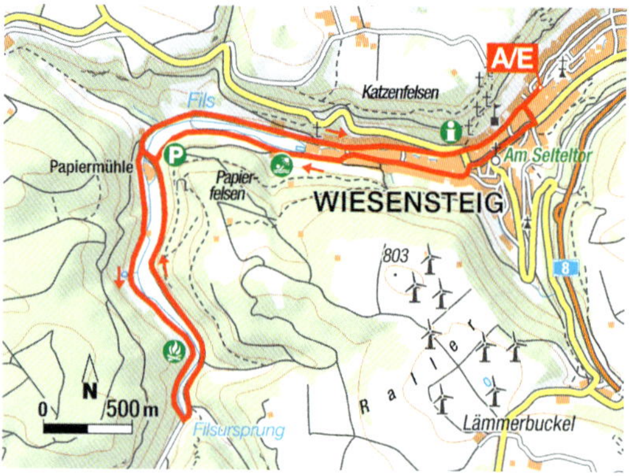

unternehmen wollen. Wer nur die einfache Variante auf dem Schotterweg begehen will, folgt diesem links der Fils. Er steigt etwas an, wobei man einen schönen Blick hinab ins Tal des Baches hat. Schließlich erreichen wir die idyllische Quelle.

Die etwas anspruchsvollere Variante verläuft auf einem Naturweg, der etwas holpriger und bei feuchtem Wetter auch rutschig sein kann. Man geht dazu vom Parkplatz aus auf dem Fahrsträßchen einige Schritte zurück in Richtung Wiesensteig, zweigt aber gleich nach der Brücke links ab.

Nun wandert man neben der Fils, trifft schließlich auf den festen Weg und kommt zur Quelle. Zurück kann man ebenfalls beide Varianten nehmen. Auch von der Papiermühle aus kann man entweder auf der Zufahrtsstraße oder auf dem Nebenweg zurück nach Wiesensteig wandern. Dort geht es in der Haupt-, dann der Bahnhofstraße oder in der Sommerbergstraße zurück.

Unten: Die Filsquelle ist in einem großen Becken gefasst.

Ganz unten: Man kann auf einem geschotterten Wirtschaftsweg oder einem Naturweg direkt neben der Fils zum Filsursprung wandern.

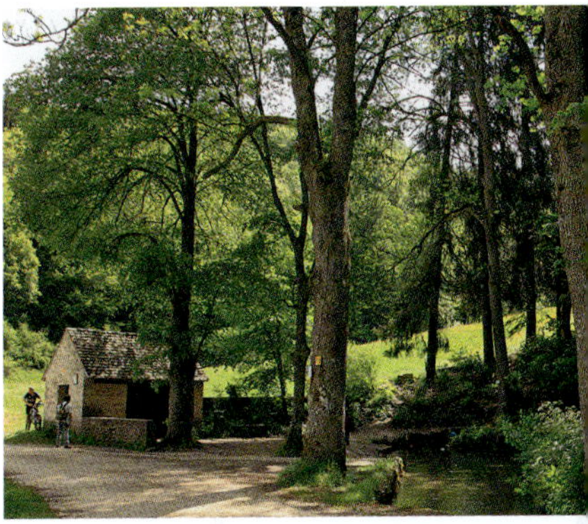

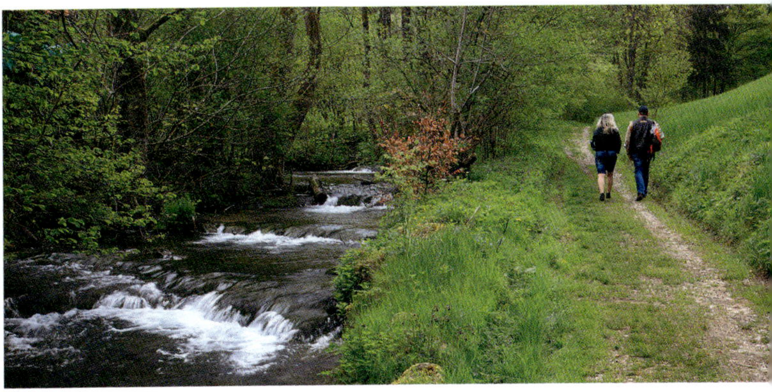

40 Zur Laichinger Tiefenhöhle

Über die Alb, dann hinab in die Höhle

Mittel | 9,2 km | 110 Hm | 2.30 Std.

Tourencharakter: Die Wanderung findet auf festen Wegen statt.

Ausgangs-/Endpunkt: Laichingen, Tiefenhöhle, Höhlenweg (780 m)

Höchster Punkt: Tiefenhöhle (780 m)

Anfahrt: Auto: A 8, dann über Hohenstadt nach Laichingen. GPS 48.479137, 9.692085; Bus & Bahn: Bahn bis Blaubeuren, weiter mit dem Bus

Einkehr: Tiefenhöhle, Laichingen

Karten: Wanderkarte W 244 Ehingen (Donau), 1:25 000 (LGL und Schwäbischer Albverein e.V.); Wanderkarte mit Radwegen Münsingen Laichingen, Blatt 54-537, 1:25 000 (NaturNavi)

Informationen: www.laichingen.de

Hinweis: Es gibt einen Kletterwald und einen Kinderspielplatz bei der Höhle.

Die Schwäbische Alb ist bekanntlich reich an Höhlen – das Karstgestein wird beständig ausgelaugt, sodass Hohlräume entstehen können. Eine der schönsten ist die Laichinger Tiefenhöhle, die nicht umsonst das Attribut »tief« im Namen trägt.

Wir folgen dem nach links abzweigenden Sträßchen, das die beiden Gebäude der Höhle links umgeht. Es folgen Kleingärten, dann eine Verzweigung. Geradeaus ginge es nach Suppingen, wir biegen aber mit dem Radwegschild rechts ab. Nach dem links stehenden Stall orientieren wir uns mit dem Radwegschild rechts und wandern bis vor die L 1236. Hier halten wir uns links. Bald überqueren wir die Landstraße und gehen auf der anderen Seite noch kurz nach links. An

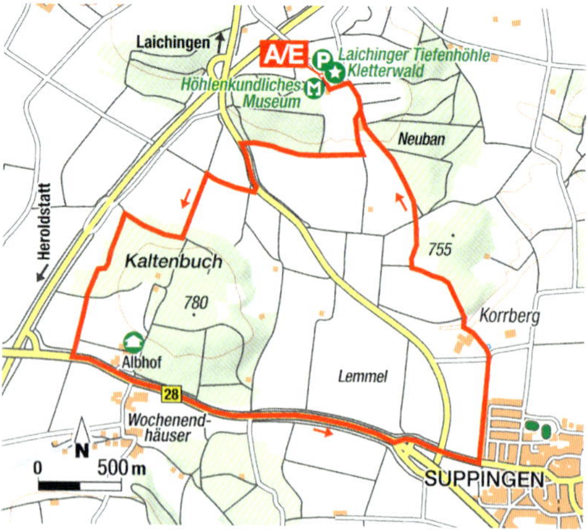

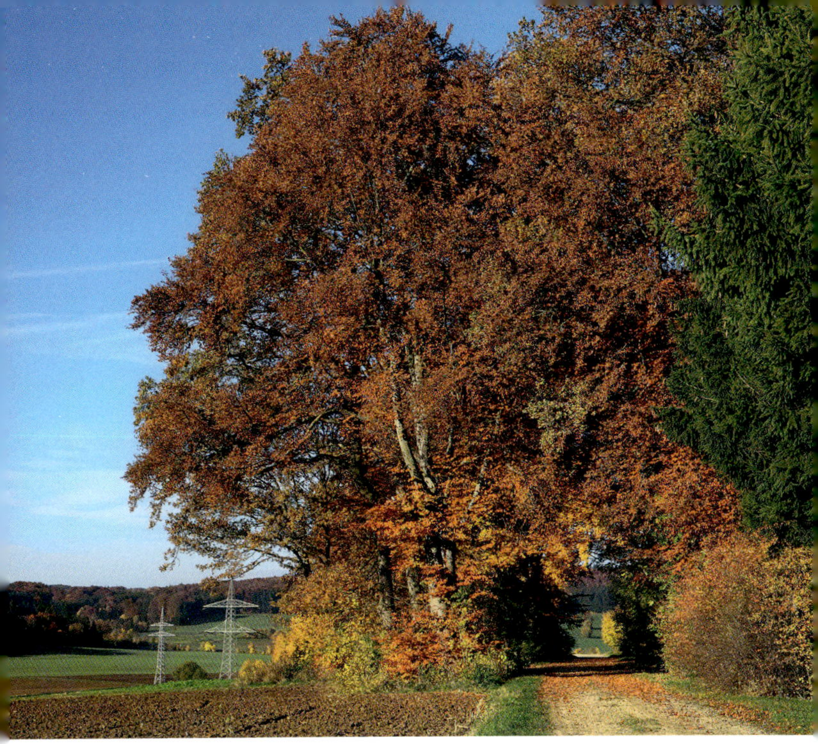

der nächsten Kreuzung gehen wir nach links in den Wald und halten uns dort rechts. Noch vor der L230 biegen wir mit dem roten Balken links ab und folgen diesem Zeichen bis vor die B28. Hier orientieren wir uns wieder links und wandern parallel zur Bundesstraße bis zum Albhof und an diesem vorbei.
Vor Suppingen folgen wir der Ausfahrt, überqueren die L1236 und gehen zum Ortsanfang. Dort biegen wir links ab. Jetzt geht es erst am Ortsrand entlang, dann durch die Felder.
An einer Verzweigung vor den querenden Elektroleitungen und dem Umspannwerk orientieren wir uns links. Es geht rechts am Umspannwerk vorbei, danach wandern wir am Waldrand, später an Kleingärten entlang. Bald sind wir wieder zurück an der Tiefenhöhle.

Der Herbst ist die farbenprächtigste Jahreszeit auf der Schwäbischen Alb.

41 Von Blaubeuren zum Rusenschloss

Durch und über dem idyllischen Blautal

Mittel | 6,3 km | 120 Hm | 1.50 Std.

Tourencharakter: Wir wandern auf Pfaden und festen Wegen.

Ausgangs-/Endpunkt: Blaubeuren, Bahnhof (515 m)

Höchster Punkt: Rusenschloss (610 m)

Anfahrt: Auto: A 8 bis Ausfahrt Merklingen, dann weiter auf der Landstraße, später der B 28. Es gibt einige Parkmöglichkeiten in Blaubeuren, zum Beispiel im Dodelweg oder am Frei- oder Hallenbad. Parkt man woanders, geht man am besten zum Blautopf, der am leichtesten zu finden ist, und beginnt die Tour dort. GPS 48.404034, 9.791122; Bus & Bahn: Mit der Bahn nach Blaubeuren

Einkehr: Blaubeuren

Karten: Freizeitkarte F 525 Ulm, 1:50 000 (LGL); Wanderkarte mit Radwegen Ulm Blaubeuren, Blatt 56-537, 1:25 000 (NaturNavi)

Informationen: www.blaubeuren.de

Blaubeuren ist nicht nur die Stadt des berühmten Blautopfes. Es gibt hier noch unzählige Sehenswürdigkeiten, die alle alleine schon einen Ausflug wert sind: Kloster, Museum, ein Stadtbild, das mit der Blau an Venedig erinnert, aber natürlich auch eine herrliche Umgebung, die zum Wandern lockt.

Am Bahnhof gehen wir nach Osten, bis die Bundesstraße einen scharfen Rechtsknick macht. Vor der Brücke folgen wir dem mit dem roten Dreiblock markierten schmalen Schotterpfad in Richtung Rusenschloss ins Gehölz hinein; an der Verzweigung gleich dahinter halten wir uns rechts und kommen in die Talauen der Blau. Wir überqueren das Flüsschen direkt neben der großen Eisenbahnbrücke. Dahin-

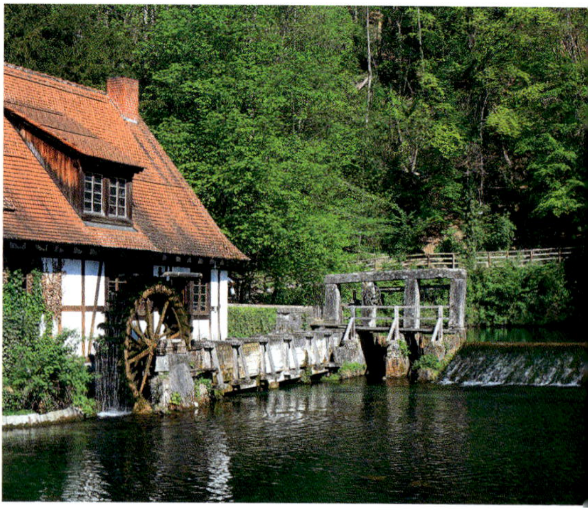

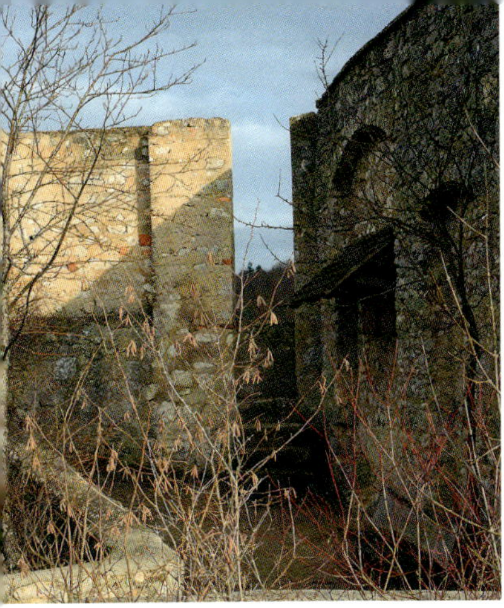

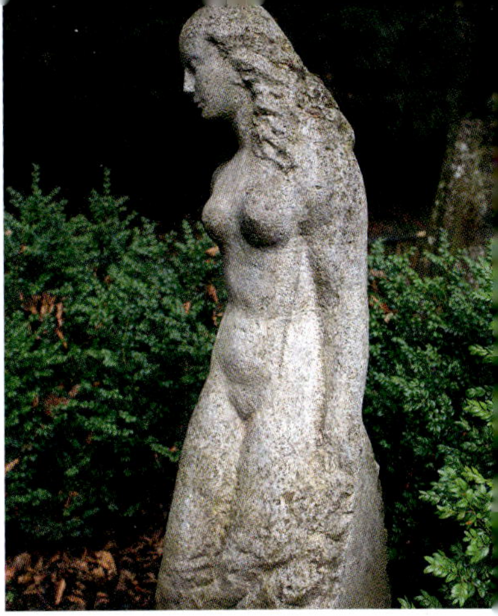

ter steigt der Weg an und wir gelangen im Wald zur Ruine Rusenschloss.

Danach gehen wir zurück, biegen aber nach der Blau rechts in den Riedweg ein. Jetzt spazieren wir im idyllischen Blautal weiter. Kurz nachdem sich zwei Kanäle vereinigt haben, biegen wir vor den Tennisplätzen rechts in den Dodelweg ab. Die Straße knickt gleich nach links ab, am kurz darauf folgenden Hallenbad überqueren wir die Blau nach rechts und gehen auf der anderen Seite nach links im Mühlweg weiter. Wir spazieren nun durch das Blaubeurener »Mühlenviertel« und zur Klosterkirche, hier befindet sich rechts auch der Blautopf. Es empfiehlt sich, ihn zu umrunden. Danach folgen wir der Lindenstraße. Nach dem links liegenden Klosterhof zweigen wir links ab in die Klosterstraße. Es bietet sich an, sich einfach durch die alten Gassen mit den prächtigen Fachwerkhäusern treiben zu lassen. Nach der querenden Marktstraße (rechts) und Hirschgasse (links) heißt die Straße Karlstraße. Sie bringt uns zurück zum Bahnhof.

Links: In der Ruine Rusenschloss

Rechts: So stellte sich der Künstler die schöne Lau vor.

Linke Seite: Am Blautopf steht noch eine alte Schmiede.

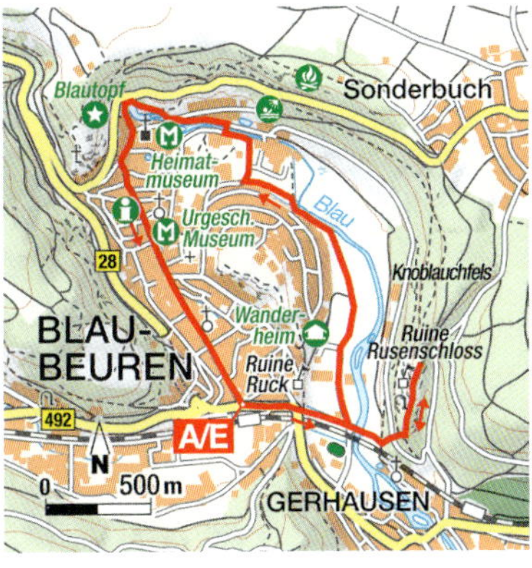

42 Um und auf den Ipf

Geschichte und Aussicht

Mittel | 6,1 km | 170 Hm | 1.50 Std.

Tourencharakter: Die Rundwanderung um den Ipf herum verläuft auf festen Wegen ohne große Höhenunterschiede, hinauf zum Gipfel führt ein teilweise steiler Naturweg.

Ausgangs-/Endpunkt: Bopfingen-Oberdorf, Wanderparkplatz am Ipf, Alte Kirchheimer Straße, bei der Archäologischen Freilichtanlage am Fuß des Ipf (555 m)

Höchster Punkt: Ipf (668 m)

Anfahrt: Auto: Auf der B 29 nach Bopfingen, dort auf der L 1078 weiter in Richtung Kirchheim, bis der Weg zum Parkplatz links abzweigt. GPS 48.869503, 10.366696; Bus & Bahn: Bahn nach Bopfingen, dann zu Fuß zum Parkplatz

Einkehr: Bopfingen

Karte: Freizeitkarte F 522 Aalen, 1:50 000 (LGL)

Informationen: www.bopfingen.de

Der geheimnisumwitterte Ipf auf der Ostalb ist eine der markantesten Berggestalten der Schwäbischen Alb. Zusammen mit den ihm ähnlichen anderen seltsam geformten Erhebungen wie dem Karkstein, dem Käsbühl und dem Fohbühl prägt er die Umgebung von Bopfingen und Oberdorf.

Gleich hinter dem Wanderparkplatz am Fuß des Ipf sollten wir uns die kleine Archäologische Freilichtanlage ansehen.
Danach folgen wir dem Weg kurz weiter bis zu der Infotafel mit einer Erklärung zum Blick in das Ries;

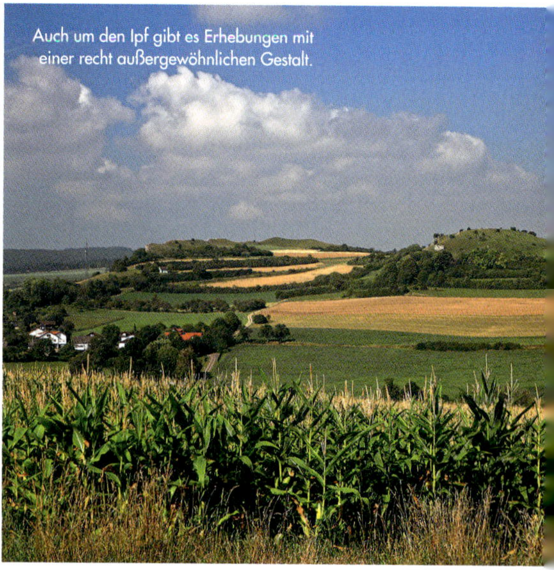
Auch um den Ipf gibt es Erhebungen mit einer recht außergewöhnlichen Gestalt.

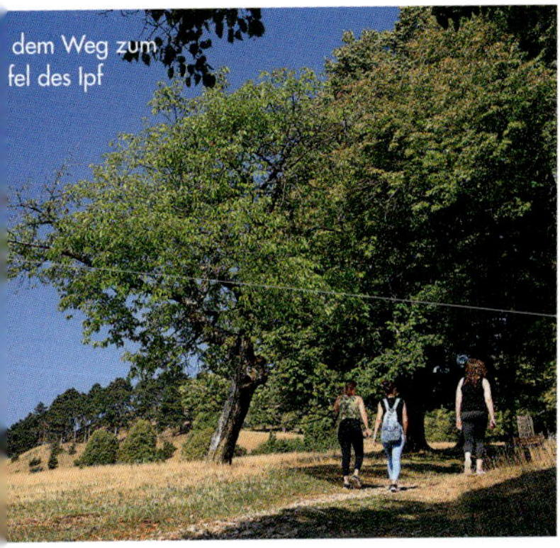

dem Weg zum
fel des Ipf

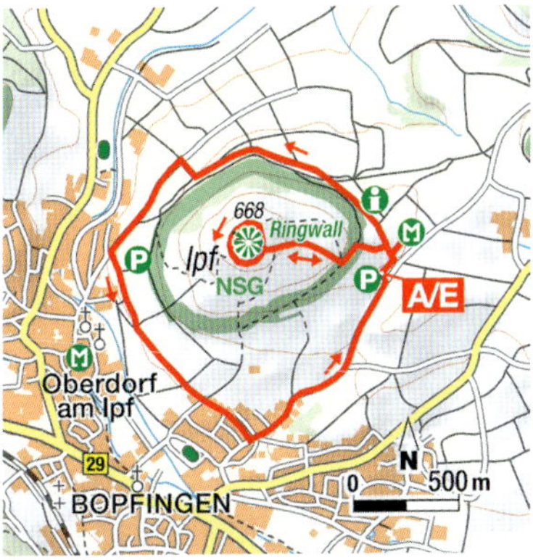

hier biegen wir links ab. Der Naturweg zieht teilweise steil, dann aber wieder sanfter ansteigend hinauf zur Hochfläche auf dem Ipf. Auf dem Weg wandern wir teilweise durch eine Schatten spendende Allee mit knorrigen alten Linden. Vor der Hochfläche sehen wir Reste der ehemaligen Schutzwälle.

Wir gehen auf dem Anstiegsweg wieder hinab zu der Stelle, an der wir anfangs abgezweigt sind. Hier orientieren wir uns links. Auch hier können wir uns an einer prächtigen Aussicht erfreuen, nach rechts über die Landschaft und links immer hinauf zum Ipf.

Bald kommen wir an einer Infotafel vorbei, die uns die Aussicht ins Sechtatal erklärt. Danach folgt ein Rechtsknick, gleich anschließend biegen wir wieder links ab. Danach passieren wir Infotafeln mit Erklä-

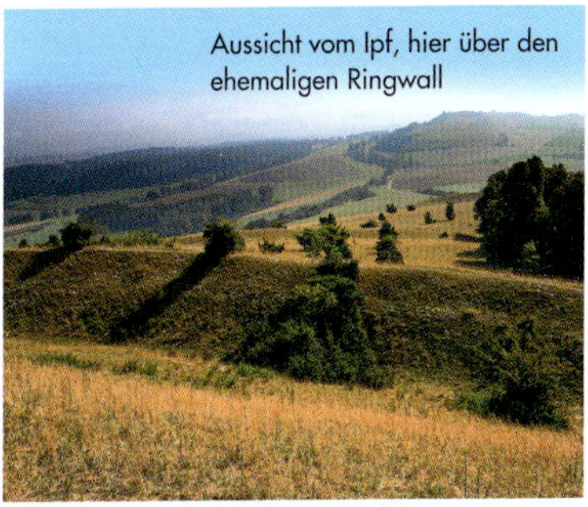

Aussicht vom Ipf, hier über den ehemaligen Ringwall

Archäologische Freilichtanlage

So klein diese Archäologische Freilichtanlage auch ist, so informativ ist sie auch: Zuerst kann man sich in dem offenen Pavillon die vielen Informationstafeln zur Natur und Geschichte des Ipf und seiner Umgebung durchlesen, danach schaut man sich das rekonstruierte keltische Haus und die beispielhaft errichtete keltische Pfostenschlitzmauer an.

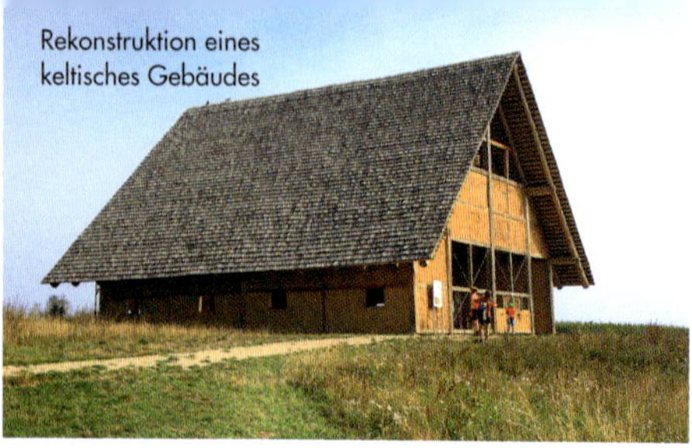

Rekonstruktion eines keltisches Gebäudes

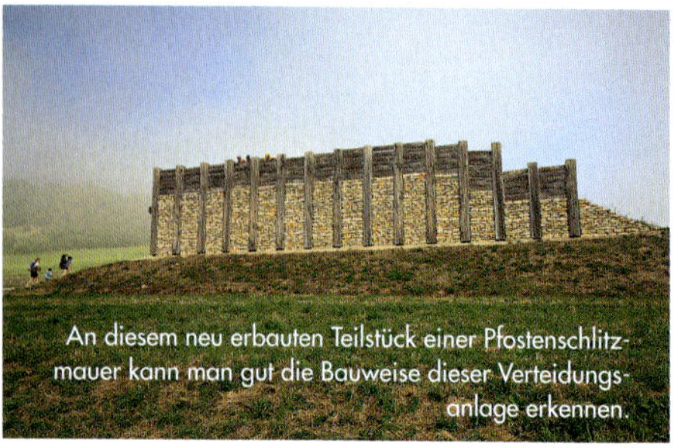

An diesem neu erbauten Teilstück einer Pfostenschlitzmauer kann man gut die Bauweise dieser Verteidigungsanlage erkennen.

rungen zum Karkstein und zum Egertal. Wir erreichen danach die ersten Häuser. Hier zweigen wir links ab auf einen Feldweg; nun wandern wir oberhalb von Oberdorf weiter. Wo wir auf die Alte Kirchheimer Straße treffen, halten wir uns links, gleich darauf noch einmal. Mit sanftem Anstieg gehen wir nun hinauf zu unserem Ausgangspunkt, dem Wanderparkplatz vor der Archäologischen Freilichtanlage.

Auf dem Ipf – Erdgeschichte, Geschichte und Aussicht

Der 668 Meter hohe Ipf liegt am westlichen Rand des Nördlinger Ries. Dieses fast kreisrunde große und flache Becken ist vor rund 14 Millionen Jahren durch einen Meteoriteneinschlag entstanden. Es besitzt einen Durchmesser von 20 bis 24 Kilometern, ist rund 348 Quadratkilometer groß und teilt die Schwäbische von der Fränkischen Alb. Der Berg besitzt eine eigenartige Form und ist geprägt durch Wall- und Grabensysteme, die teilweise aus der späten Bronzezeit stammen.

Wegen der auf ihm gemachten Funde wird der Ipf zu den keltischen Fürstensitzen gerechnet. So fand man eine befestigte Höhensiedlung und importierte Luxusgüter aus dem Mittelmeerraum, 2001 wurden Kreisgräben von zwei monumentalen Grabhügeln entdeckt. Mittlerweile rekonstruiert ist der kleinere der beiden, der eine Brandbestattung enthielt. Auch in der Umgebung gibt es zahlreiche Siedlungen, Gräberfelder der Hallstatt- und Latènezeit sowie keltische Viereckschanzen. Überregionale Bedeutung erhielt der Ipf in der Eisenzeit, als er ein Verkehrsknotenpunkt im Fernhandelsnetz zwischen Donau, Main und Neckar war.

Die weite Aussicht vom Hochplateau des Ipf reicht von Bopfingen über Oberdorf bis zu den außergewöhnlichen Berggestalten der Gegend wie dem Karkstein oder dem Goldberg, zum Schloss Baldern und bis ins Ries mit Nördlingen, von dem man den hohen Turm der Kirche, den Daniel, erkennen kann.

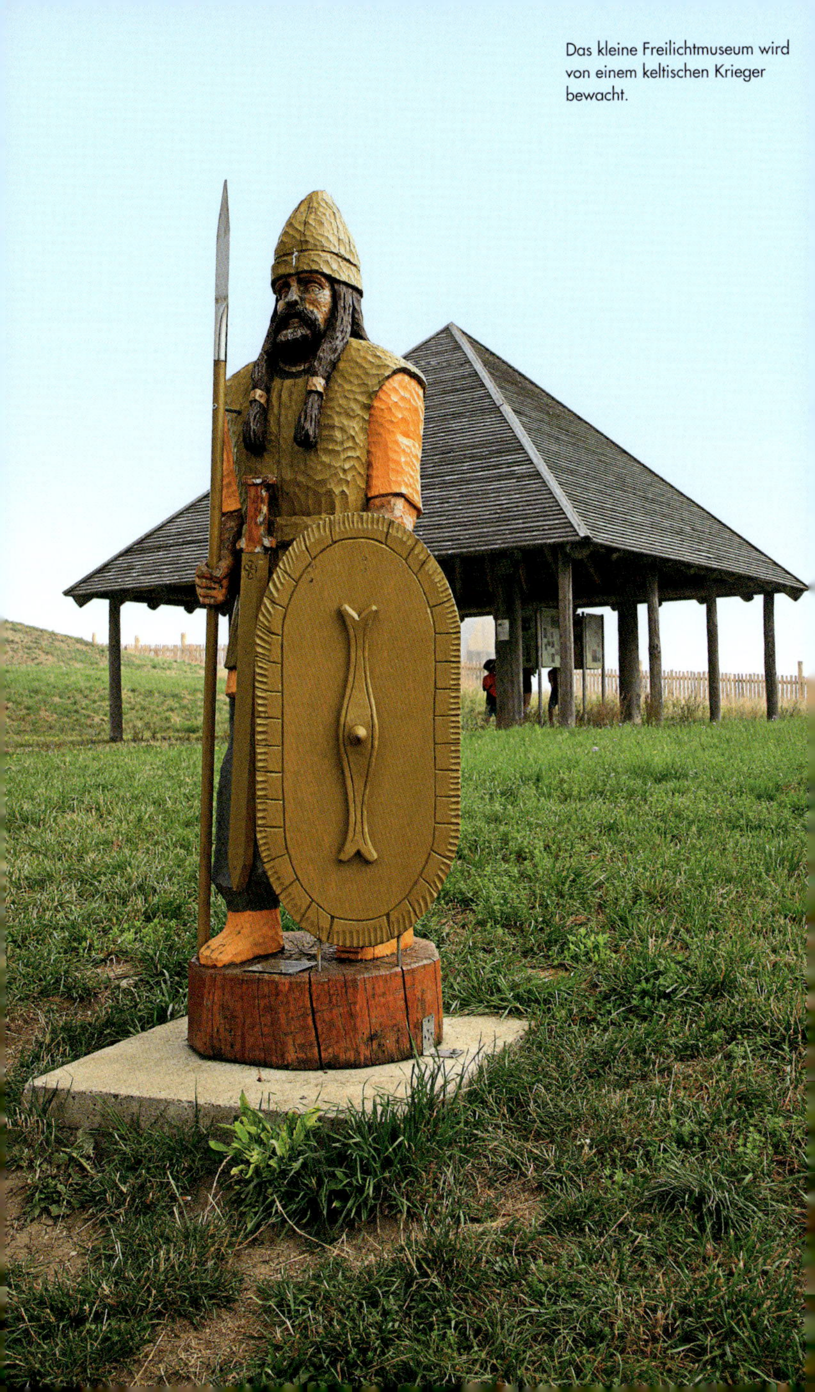

Das kleine Freilichtmuseum wird von einem keltischen Krieger bewacht.

43 Zur interessanten Kapfenburg

Große Burg und dunkler Wald

Leicht | 8,8 km | 80 Hm | 2.20 Std.

Tourencharakter: Wir wandern auf festen Wegen.

Ausgangs-/Endpunkt: Lauchheim-Hülen, Parkplatz bei der Kapfenburg (620 m)

Höchster Punkt: Kurz nach Eintritt in den Wald (655 m)

Anfahrt: Auto: B 29 bis Aalen, weiter auf der B 19/B 29 bis vor Lauchheim. Dort nach rechts hinauf nach Hülen. GPS 48.866342, 10.224126; Bus & Bahn: Bahn bis Aalen, weiter mit dem Bus

Einkehr: Kapfenburg

Karte: Freizeitkarte F 522 Aalen, 1:50 000 (LGL)

Informationen: www.lauchheim.de, www.schloss-kapfenburg.de

Oft findet man auf der Ostalb bzw. dem Härtsfeld stille dunkle Wälder, ein Gegensatz zu den anderen Landschaften der Schwäbischen Alb, in denen man eher Laubbäume findet. Nach der Tour können wir der Kapfenburg einen Besuch abstatten.

Wir gehen von der Kapfenburg zum Ortsanfang von Hülen und nehmen den mit dem roten Dreieck markierten Weg in Richtung »Schöner Stein«. Wo der markierte Weg am nächsten Waldrand nach links in den Wald abknickt, spazieren wir im Kugelbuckweg geradeaus weiter. Nach einiger Zeit sehen wir rechts zwei Waldarbeiterhütten. Rund 500 Meter später kommen wir zu einer Kreuzung (Waldabteilungsschild »11/7 Schindersteich«). Hier halten wir uns rechts und spazie-

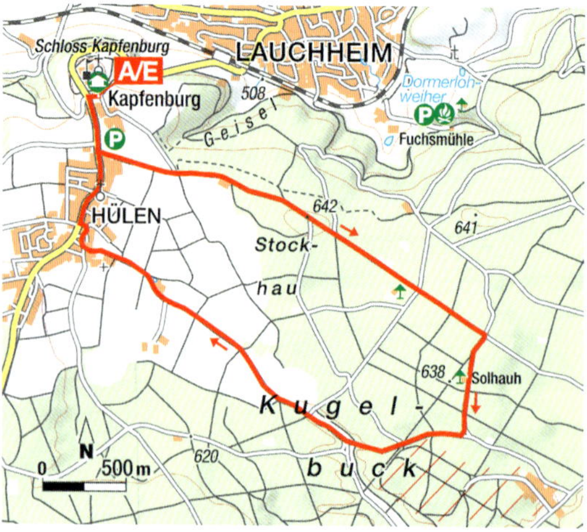

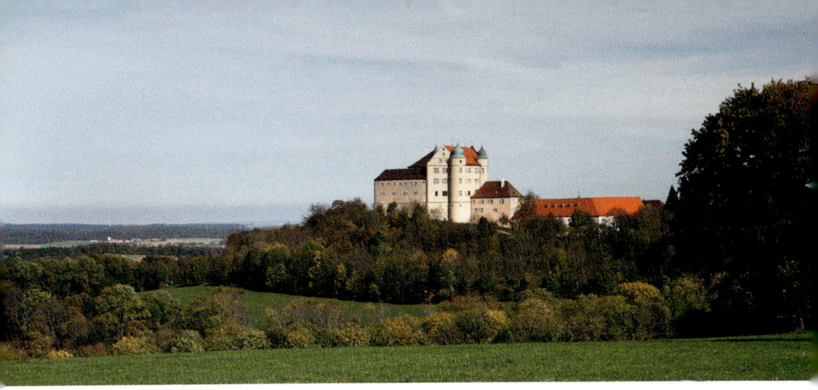

ren, vorbei an der kleinen Solhauhütte, bis zur querenden Waldfeldstraße, wo es geradeaus nicht mehr weitergeht. Dort biegen wir nach rechts ab. Der Weg fällt etwas und führt uns ins Kugeltal. Nun halten wir uns rechts und wandern zurück nach Hülen. Im Ort spazieren wir mit der roten Raute mit einem Rechts-, dann einem Linksbogen zur Durchgangsstraße (Härtsfeldstraße). Jetzt halten wir uns rechts zur Kirche, danach geht es zurück zum Ausgangspunkt. Nun können wir uns die Kapfenburg ansehen.

Die Kapfenburg ist eine mächtige Anlage. Sie wird heute noch genutzt.

In der Kapfenburg sind die verschiedenen Baustile erkennbar.

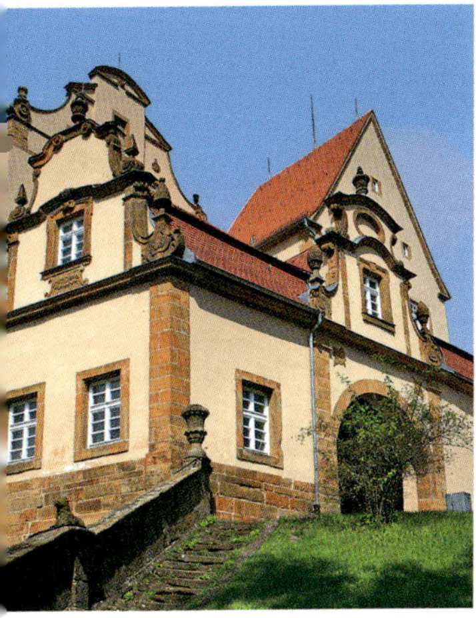

Kapfenburg

Der Name der 1311 erstmals erwähnten Kapfenburg kommt von »kapfen«, das heißt Ausschau halten. Nach dem Aussterben der Staufer wurde ein Großteil der Ländereien in der Gegend von den Grafen von Oettingen übernommen. Zusammen mit Lauchheim kaufte sie 1364 der in Mergentheim ansässige Deutschritterorden und machte sie zum Sitz eines Komturs. Die Burg kam 1806 an Württemberg; bis 1807 residierte hier Paul, Sohn von König Friedrich. Man erkennt verschiedene Bauperioden (16.–18. Jh), so das Mittelalter (»Alter Bau«), Renaissance (Torbastei am Haupteingang, 1534, Hochschloss, Ende 16. Jh.) und Barock. Eine reich geschmückte Schaufassade sieht man am östlichen Eingang. Heute sitzt hier die Stiftung Internationale Musikschulakademie Kulturzentrum Schloss Kapfenburg.

44 Über die Burg Katzenstein zum Härtsfeldsee

Stauferburg und Badesee

Schwer 10,5 km | 130 Hm | 2.50 Std.

Tourencharakter: Wir wandern auf festen Wegen.

Ausgangs-/Endpunkt: Dischingen, Marktplatz (466 m)

Höchster Punkt: Wald vor Katzenstein (584 m)

Anfahrt: Auto: A 8 bis Elchingen, weiter A 7 bis Ausfahrt Heidenheim, dann über Nattheim nach Dischingen. GPS 48.697036, 10.362052. Ein alternativer Ausgangspunkt ist der Härtsfeldsee, vor allem wenn man hinterher baden möchte. Bus & Bahn: Bahn bis Heidenheim, dann Bus bis Dischingen Marktplatz.

Einkehr: Burg Katzenstein, Kiosk am See, Dischingen

Karte: Freizeitkarte F 522 Aalen, 1:50 000 (LGL)

Informationen: www.dischingen.de

Hinweis: Die Burg Katzenstein kann besichtigt werden, es gibt ein Museum und Veranstaltungen (www.burgkatzenstein.de).

Mit Schloss Taxis und der Burg in Katzenstein kommen wir an zwei Adelssitzen vorbei. Verlockend ist aber auch der künstlich angelegte Härtsfeldsee, der inmitten der kargen, aber doch intensiv landwirtschaftlich genutzten Fläche des Härtsfeldes liegt.

Wir gehen von der Kirche und dem Marktplatz in der Hauptstraße nach Osten, bis wir auf die vorfahrtsberechtigte Durchgangsstraße (Schloßstraße / L 2033) stoßen. Dort biegen wir rechts ab, halten uns aber kurz darauf links nach Trugenhofen. Nun steigt unser Weg erst etwas an, dann sehen wir rechts Schloss Taxis. Wir

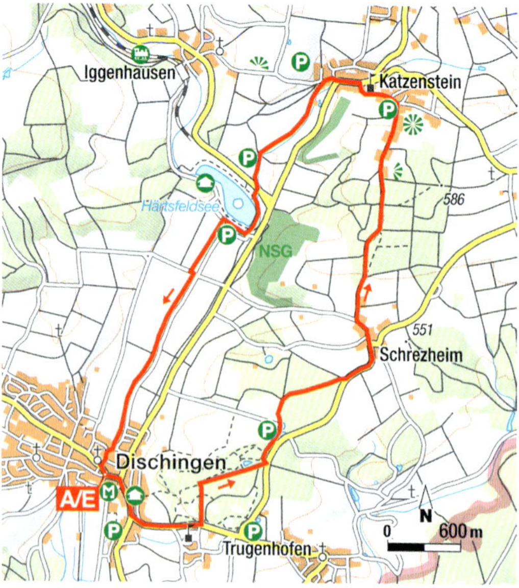

wandern daran vorbei, danach mit der roten Gabel nach links in den Wald. An einem querenden Schotterweg biegen wir rechts ab und gehen bis zur Landstraße (Härtsfeldstraße). Vor ihr zweigt der markierte Wanderweg links ab. Er verläuft im Wesentlichen links der Straße. An einem Parkplatz verlassen wir den Wald und gehen links des Waldrandes weiter.

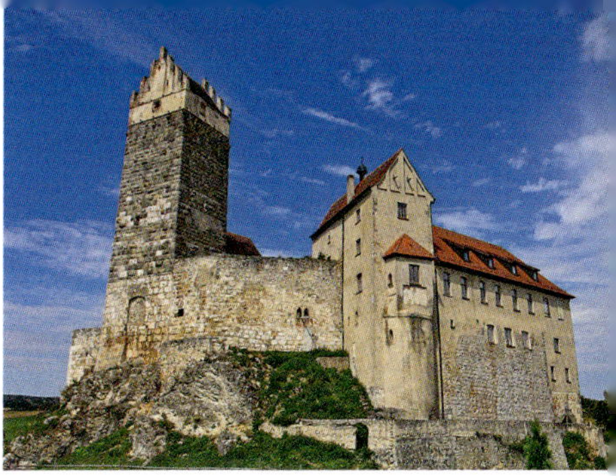

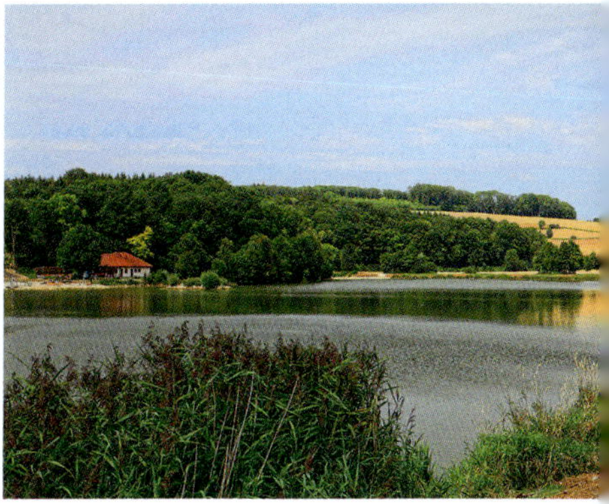

Ganz oben: Die Burg Katzenstein zeigt schön das Bild einer Burg in staufischen Zeiten.

Oben: Der Härtsfeldsee ist ein beliebtes Ausflugsziel in der Umgebung.

Kurz danach geht an einer Waldecke der Wald nach links weiter, hier halten wir uns aber rechts und wandern zur Straße. Ihr folgen wir nach links nach Schrezheim. Wir gehen kurz in den Ort hinein, wandern aber an der Rechtskurve geradeaus in der Straße Zum Fliegenberg weiter. Nach dem Weiler zweigt der markierte Wanderweg rechts ab. Es geht erst durch den Wald, danach hinab nach Katzenstein. Im Ort zieht das Sträßchen nach links und wir wandern zur Burg. Danach geht es hinab zur querenden Durchgangsstraße. Ihr folgen wir kurz nach links. Dann zweigen wir links ab in die Straße Unterer Weiler. Mit dem Radwegschild zum Härtsfeldsee verlassen wir Katzenstein und wandern immer nach Süden bis zum See.

Auf seiner Südseite, noch vor dem Kiosk, geht unterhalb des Gebäudes, mit dem der Wasserspiegel geregelt wird, ein Weg ab. Auf ihm wandern wir nach Dischingen. Dort zieht unsere Straße zuerst nach rechts, dann halten wir uns an der Querstraße links und kommen zurück zur rechts liegenden Kirche.

45 Über das Franz-Keller-Haus zur Reiterleskapelle

Auf das Kalte Feld

Schwer 9,1 km 330 Hm 2.50 Std.

Tourencharakter: Wir wandern auf Pfaden, zurück ab der Reiterleskapelle auf einem Sträßchen.

Ausgangs-/Endpunkt: Lauterstein-Nenningen, Wanderparkplatz am Stausee (500 m)

Höchster Punkt: Franz-Keller-Haus (781 m)

Anfahrt: Auto: B 10 bis Süßen, dann B 466 bis Nenningen. Dort über die Bergstraße und die Christentalstraße zum Parkplatz. GPS 48.718161, 9.858699; Bus & Bahn: Bahn bis Göppingen, Bus bis Nenningen Haltestelle Kirche

Einkehr: Franz-Keller-Haus

Karte: Freizeitkarte F 521 Göppingen, 1:50 000 (LGL)

Informationen: www.lauterstein.de

Viel Aussicht bietet sich uns bei dieser Tour – hinab auf Nenningen, auf den Messelberg und ins Christental. Wir wandern durch schöne Naturschutzgebiete hoch auf das Kalte Feld zum Franz-Keller-Haus und weiter zur sagenumwobenen Reiterleskapelle.

Wir folgen vom Parkplatz aus noch kurz dem ansteigenden Sträßchen, biegen aber gleich darauf mit dem Schild »Kuhbergstaigle Rundwanderweg« rechts auf einen Asphaltweg ab. Nach etwas Anstieg nehmen wir den ersten rechts abknickenden Abzweig. Jetzt wandern wir relativ eben am Hang entlang bis zu den ersten Häusern von Nenningen. Wo es nicht mehr weitergeht, folgen wir der querenden Kaltenfel-

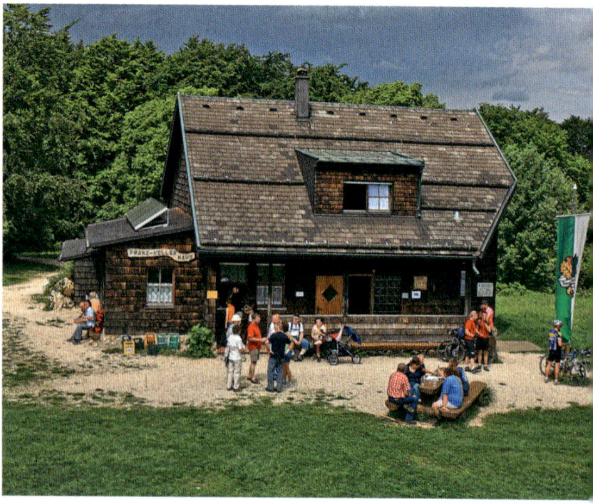

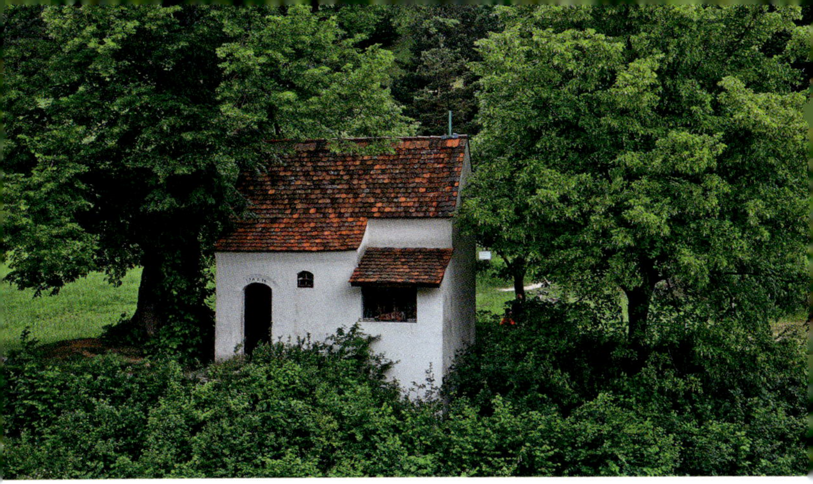

der Straße nach links. Nach einem Bildstock beginnt das Naturschutzgebiet. Der Weg ist nach einiger Zeit mit dem blauen Balken bezeichnet, der uns bis zum Franz-Keller-Haus begleiten wird.

Wir folgen immer dem ansteigenden Weg. Nach einiger Zeit kommen wir vor eine Freifläche mit Feldern und Wiesen, hier gehen wir aber noch davor links des Gehölzrandes auf dem Naturweg weiter. Bald darauf steigt unser Weg an, dann treffen wir auf einen breiten Schotterweg, dem wir kurz folgen, gleich danach müssen wir aber links abzweigen. Der blaue Balken bringt uns sicher über die Hochfläche des Kalten Feldes zum Franz-Keller-Haus.

Dort biegen wir links ab in Richtung Reiterleskapelle, nun mit dem roten Kreuz. Wir wandern durch den Wald bis zum Steilabfall, wo wir einen Aussichtspunkt finden. Hier geht es rechts steil hinab zur Reiterleskapelle und dort nach links durch das Christental wieder zurück zum Ausgangspunkt.

Um die Reiterleskapelle rankt sich eine alte Sage.

Linke Seite: Das Franz-Keller-Haus auf dem Kalten Feld gehört dem Schwäbischen Albverein.

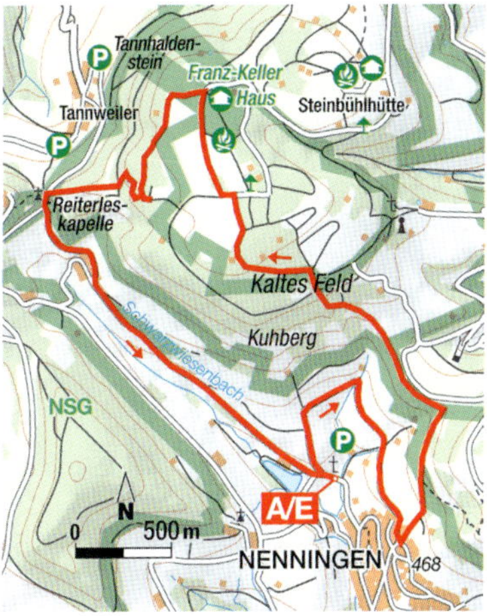

46 Von Gerstetten zu den Wettertannen

Fritz-Vogel-Rundweg: zum Mäderwirt

Leicht	6 km	90 Hm	1.40 Std.

Tourencharakter: Wanderung überwiegend auf Naturwegen und -pfaden. Diese können bei feuchtem Wetter schmierig sein. Deshalb sind Wanderstiefel mit gutem Profil von Vorteil.

Ausgangs-/Endpunkt: Gerstetten, Waldfriedhof, Karlstraße 121 (640 m)

Höchster Punkt: Nach dem Abzweig nach dem Wanderschild Ameisenbühl (656 m)

Anfahrt: Auto: Auf der A7 bis zur Anschlussstelle Niederstotzingen und weiter auf der L1168 Richtung Dettingen, anschließend über die L1164 über Heuchlingen nach Gerstetten. GPS 48.624425, 10.036543; Bus & Bahn: Bahn bis Ulm oder Geislingen an der Steige, weiter mit dem Bus

Einkehr: Unterwegs keine

Karte: Wanderkarte W231 Heidenheim a. d. Brenz, 1:25 000 (LGL und Schwäbischer Albverein e.V.)

Informationen: www.heidenheimer-brenzregion.de, www.gerstetten.de

So kurz diese Wanderung auch ist, so schön ist die Landschaft unterwegs auch. Wälder mit mächtigen und knorrigen alten Bäumen wechseln sich ab mit Wacholderheiden. Alles kann man ohne große Höhenunterschiede erleben.

Am Wanderschild »Waldfriedhof Gerstetten (640 m)« folgen wir dem Wanderzeichen gelber Ring und dem Zeichen des Albschäferwegs durch den Parkplatz und am Friedhof entlang. Wo der asphaltierte Weg endet, gehen wir auf einem Pfad direkt am Friedhofszaun entlang. Nach dem Friedhof führt uns der Pfad durch den Wald. An einem querenden Forstweg biegen wir am Wanderschild »Ameisenbühl (638 m)«

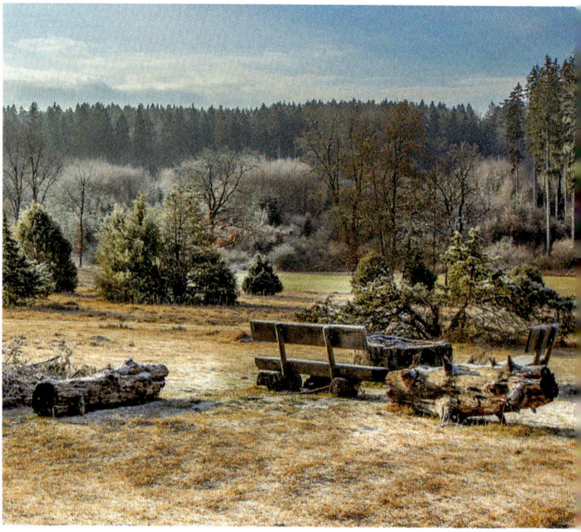

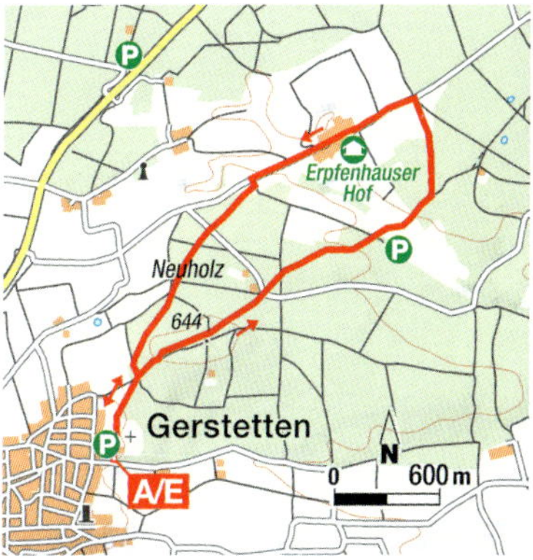

rechts ab. Den ersten links abgehenden, mit dem gelben Ring markierten Weg ignorieren wir – auf ihm kommen wir später wieder zurück. Etwas später aber zweigen wir nach links auf einen Pfad ab. Danach queren wir einen Forstweg.

Nach dem Wald gehen wir links des Waldabteilungsschildes »10/1 Kiesling« erst über einen breiten Weg, dann auf einem Pfad links am Waldrand vorbei. Wir queren ein Wiesentälchen, passieren das Schild »Kisling (593 m)« und gehen zum Waldrand. Davor und im Wald sollten wir die uralten Wettertannen beachten. Der Weg zieht bald nach links, wir passieren eine Lichtung mit einer Grillstelle, später eine große Wiese, ebenfalls mit Grillstelle. An einem querenden Weg biegen wir am Schild »Negelstetter Hau (614 m)« links ab. Wir durchqueren den Erpfenhauser Hof (605 m), heute Kulturhof Erpfenhausen, danach wandern wir durch eine Landschaft mit Wacholdern.

Kurz nach einem links abgehenden Asphaltweg zweigen wir mit dem gelben Ring links ab auf einen Pfad. Er bringt uns über eine Wiese in den Wald. Hier folgen wir nun immer den Zeichen gelber Ring und Albschäferweg und wandern auf einem schmalen Pfad bis zu dem Forstweg, an dem rechts das Schild »Ameisenbühl« steht. Zu ihm gehen wir, dann nach links auf bekanntem Weg wieder zurück zum Ausgangspunkt.

Linke Seite: Auf der Wanderung kommt man auch durch Heidelandschaften.

Morgensonne im Wald

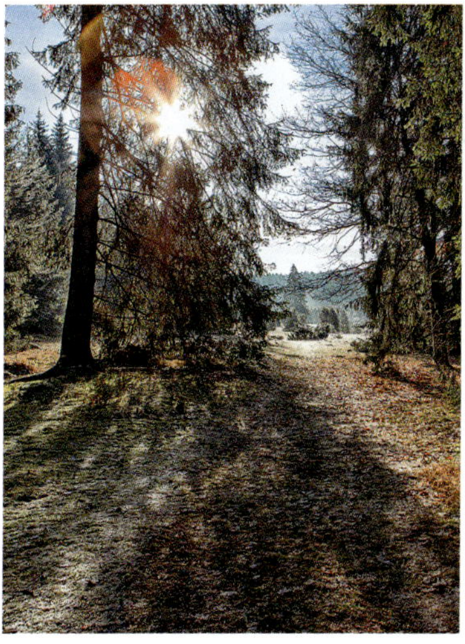

47 Zum Heldenfinger Kliff

Hier rauschte einst ein Meer

Leicht | 7,4 km | 60 Hm | 2 Std.

Tourencharakter: Wir wandern auf festen Wegen.

Ausgangs-/Endpunkt: Gerstetten-Heldenfingen, Raiffeisenstraße (579 m)

Höchster Punkt: Dettinger Weg (595 m)

Anfahrt: Auto: B 10 bis Geislingen a. d. Steige, weiter auf der L 1221 bis Eybach, dann über Gerstetten nach Heldenfingen. Im Ort ist das Kliff ausgeschildert. Davor kann man parken. GPS 48.606577, 10.074038; Bus & Bahn: Bahn bis Geislingen an der Steige oder Heidenheim, weiter mit dem Bus.

Einkehr: Heldenfingen

Karte: Wanderkarte W 231 Heidenheim a. d. Brenz, 1:25 000 (LGL und Schwäbischer Albverein e.V.)

Informationen: www.gerstetten.de

Hinweis: In Gerstetten gibt es zwei Museen: Das Eisenbahnmuseum zeigt Exponate über die Eisenbahn in Gerstetten und das Riffmuseum welche über die Korallenfauna der Gegend. Für beide Museen benötigt man nur eine Eintrittskarte.

Wer würde schon erwarten, hier mitten in der kargen Landschaft der Ostalb den Rest eines urzeitlichen Meeres zu finden? Aber die ganze Schwäbische Alb war ja einst ein Meer und auch am Heldenfinger Kliff kann man dies gut erkennen.

Am Kliff folgen wir dem Wanderzeichen rote Gabel, halten uns links und verlassen auf der Raiffeisenstraße den Ort. Der Weg zieht vor dem Wald nach links und bringt uns zum querenden Sperbersträßle, in das wir nach rechts in den Wald einschwenken. An seinem Ende biegen wir nach rechts ab. Wir spazieren nun knapp zehn Minuten nach Süden, biegen nach links in die Rohrgasse und gleich darauf nach rechts ab.

Nach ein paar Minuten sind wir an dem von Dettingen nach Heldenfingen führenden Dettinger Weg,

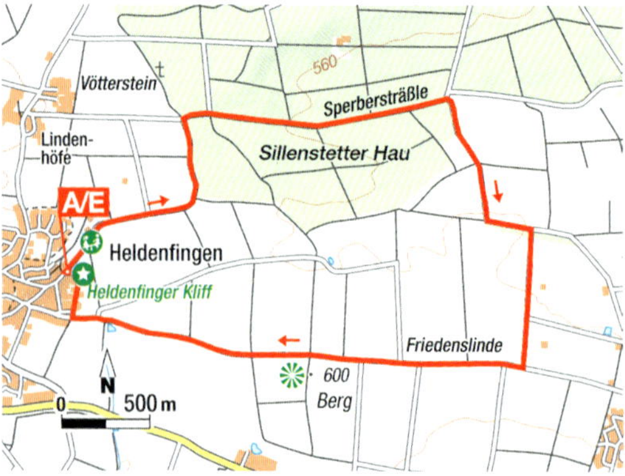

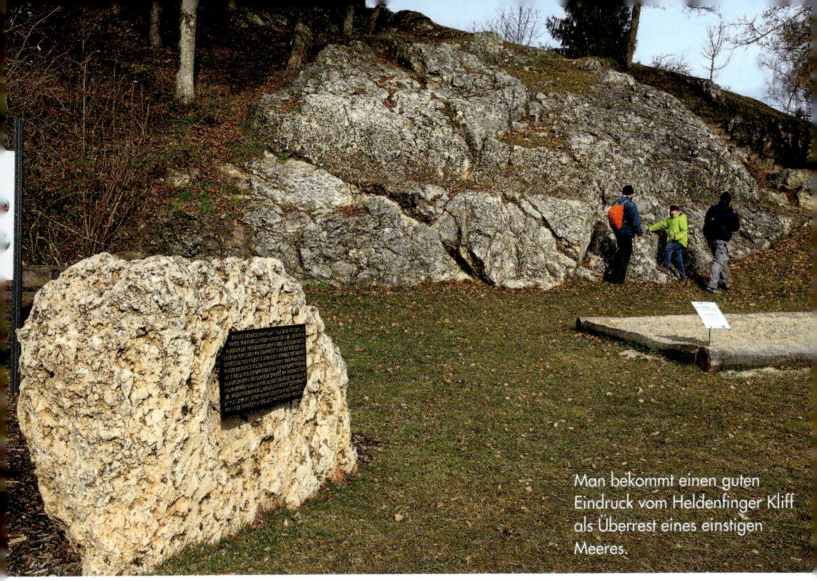

Man bekommt einen guten Eindruck vom Heldenfinger Kliff als Überrest eines einstigen Meeres.

in den wir mit dem Wanderzeichen rote Raute nach rechts abbiegen. Nach knapp 2,5 Kilometern erreichen wir die ersten Häuser von Heldenfingen. Hier biegen wir nach rechts ab in den Austernweg und kommen zurück zum Kliff.

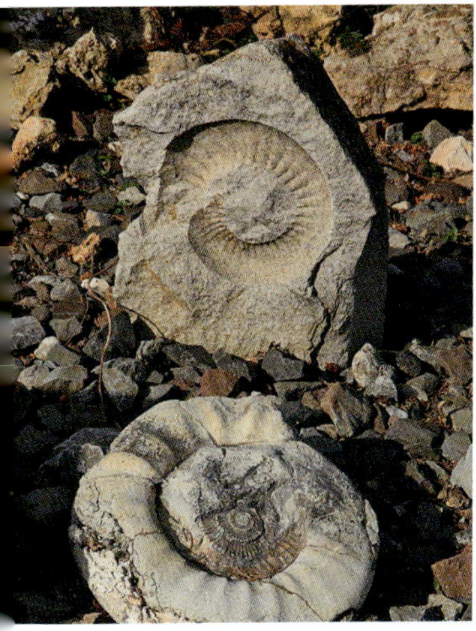

Fundstücke am Heldenfinger Kliff und seiner Umgebung

Heldenfinger Kliff

Der Name des 1231 erstmals erwähnten Heldenfingen kommt von einer alemannischen Siedlung aus dem 3. Jahrhundert. Am nordöstlichen Ortsende liegt das berühmte Heldenfinger Kliff. Dies ist eine Hohlkehle, die durch den Anprall der Wellen des miozänen Molassemeeres vor etwa 25 Millionen Jahren entstand. In ihr findet man zahllose Löcher von Bohrmuscheln und aufgesetzte Austern. Es gilt als besterhaltener fossiler Strand. Um den Felsklotz herum stehen Informationstafeln, Steinbrocken und weitere Exponate, welche die Urzeit und die Geologie veranschaulichen.

48 Von Herbrechtingen durch das Eselsburger Tal

Zu den Steinernen Jungfrauen

Mittel	8,1 km	170 Hm	2.20 Std.

Tourencharakter: Relativ einfache Wanderung auf Pfaden und Forst- und Feldwegen. Beim Abstieg von Falkenstein ist jedoch Vorsicht geboten.

Ausgangs-/Endpunkt: Herbrechtingen, Parkplatz Eselsburger Tal beim Hallenbad Freizeitbad Juwel, Baumschulenweg (470 m)

Höchster Punkt: Buigen und vor Falkenstein (530 m)

Anfuhrt: Auto: A 8 bis Kreuz Ulm/Elchingen, dann auf der A 7 bis Ausfahrt Niederstotzingen, weiter auf der L 1079. GPS 48.617651, 10.175814; Bus & Bahn: Bahn bis Herbrechtingen

Einkehr: Herbrechtingen

Karte: Freizeitkarte F 522 Aalen, 1:50 000 (LGL)

Informationen: www.herbrechtingen.de

Hinweis: Nach der Tour lohnen sich ein Besuch des Hallenbades oder ein Bummel durch Herbrechtingen. Ist es geöffnet, bietet sich auch ein Besuch des Heimatmuseums an.

Einer der schönsten Abschnitte der Brenz ist das Eselsburger Tal. Hier finden wir nicht nur eine überaus idyllische Flusslandschaft, sondern inmitten einer heideartigen Vegetation auch markante Felsformationen. Die beeindruckendsten Felsen sind die Steinernen Jungfrauen.

Wir gehen zum Hallenbad und rechts an ihm vorbei. Oben auf der Höhe des Buigen zieht der Asphaltweg vor den locker stehenden Laubbäumen nach links. Kurz danach biegen wir rechts ab. Wir wandern bald rechts an der Feldscheune vorbei und kommen zum Waldrand. Dort halten wir uns links zu der schmalen Schneise mit den Stromleitungen.

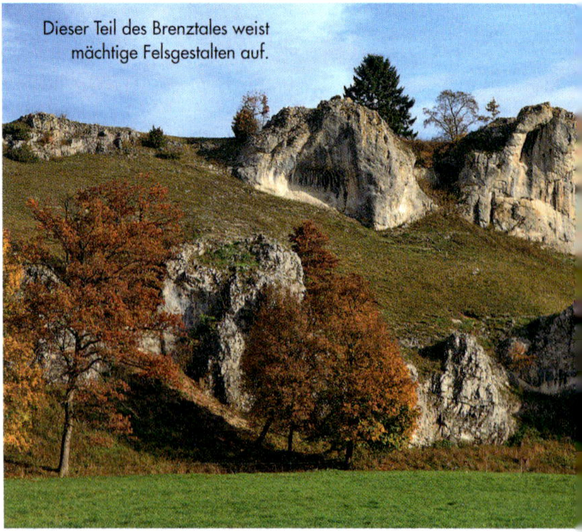
Dieser Teil des Brenztales weist mächtige Felsgestalten auf.

Jetzt gehen wir auf dem links abwärtsziehenden Pfad bis vor die Brenz. Wir spazieren nach links zu der Hütte mit dem Rastplatz. Der markante Fels auf der linken Seite ist der Fischerfelsen. Danach biegen wir rechts ab, überqueren den Fluss und steigen links des Anwesens Bindstein hinauf zu einem querenden Weg. Wir halten uns rechts, dann gleich wieder links. Nun führt uns ein Asphaltsträßchen auf die Höhe. Oben biegen wir gleich nach dem Wald links ab und folgen dem roten Strich bis zum Hof Falkenstein. Lohnend ist hier ein Abstecher zum Aussichtsfelsen. Anschließend folgen wir dem Wanderzeichen noch kurz, dann werden wir mit der roten Gabel links hinab in den Wald verwiesen. Danach biegen wir im Brenztal direkt unterhalb des Aussichtsfelsens nach rechts ab und überqueren den Fluss. Auf der anderen Seite steigen wir steil an in Richtung Buigenhütte.

Am Steilabfall auf der anderen Seite biegen wir nach rechts ab, kurz darauf wandern wir an einem keltischen Ringwall vorbei. Danach zweigt unser Wanderweg links ab und bringt uns hinab zur Brenz, die wir bei der Kläranlage überqueren. Nun halten wir uns links und wandern entlang der Brenz durch das Eselsburger Tal zurück zum Ausgangspunkt. Unterwegs kommen wir an der Felsformation Steinerne Jungfrauen vorbei.

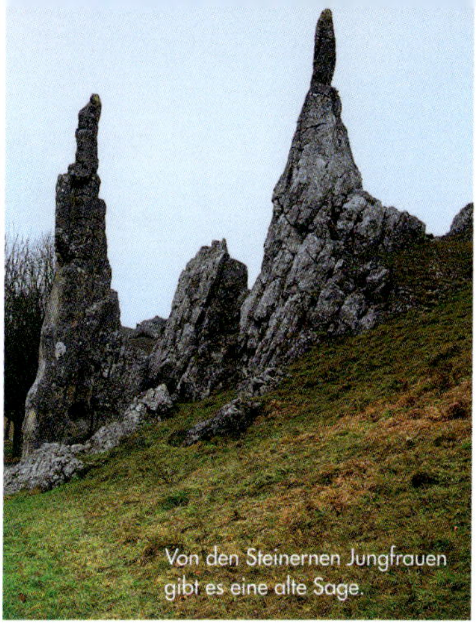

Von den Steinernen Jungfrauen gibt es eine alte Sage.

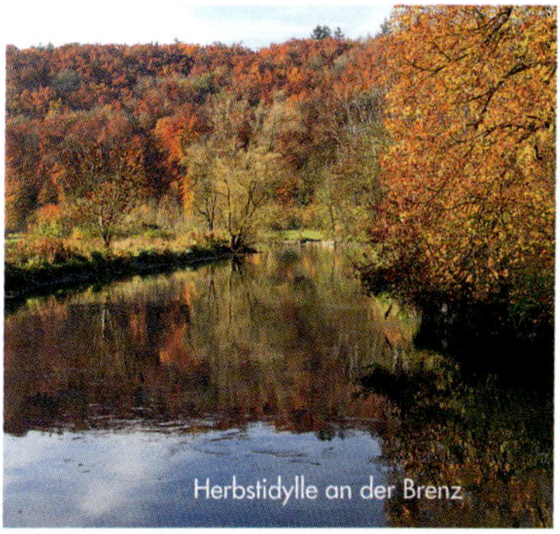

Herbstidylle an der Brenz

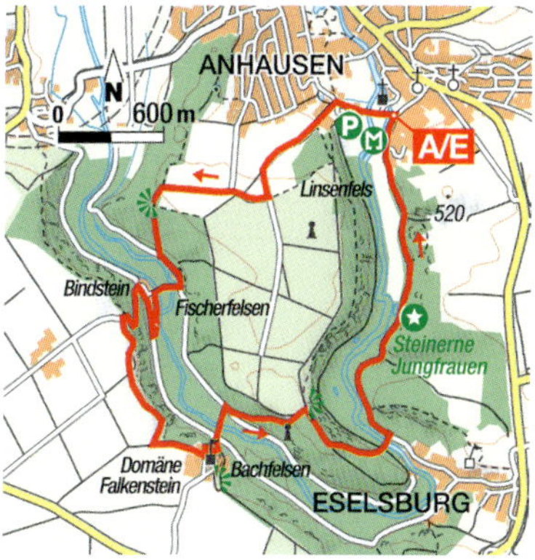

49 Von Lonsee über Luizhausen zum Lonesee

Durch Wacholderheiden ins Lonetal

Mittel | 9,2 km | 120 Hm | 2.30 Std.

Tourencharakter: Die Wanderung verläuft auf festen Wegen und Pfaden.

Ausgangs-/Endpunkt: Lonsee, Bahnhof (560 m)

Höchster Punkt: B 10 vor Luizhausen (645 m)

Anfahrt: Auto: A 8 bis Merklingen, dann über Nellingen, Scharenstetten, Radelstetten und Luizhausen nach Halzhausen. Dort nach links nach Lonsee. GPS 48.545377, 9.916708. Alternativparkplätze gibt es am Rathaus und vor der Kirche. Bus & Bahn: Mit der Bahn nach Lonsee.

Einkehr: Lonsee

Karte: Wanderkarte W 230 Geislingen a. d. Steige, 1:25 000 (LGL und Schwäbischer Albverein e.V.)

Informationen: www.lonsee.de

Nach einigen typischen Wacholderheiden wandern wir hinab ins Lonetal. Dort geht es entlang der Lone zurück nach Lonsee. Davor kommen wir an dem idyllischen Lonesee vorbei, an dem es sich schön rasten lässt. Es gibt eine Badestelle und für Kinder einen Wasserspielplatz.

Wir gehen zuerst in Richtung Kirche zum Steg und in der Bahnhofstraße nach rechts zur Hauptstraße. Nach links versetzt folgen wir der Hindenburgstraße zum Rathaus. Rechts an ihm vorbei überqueren wir die Lone und wandern in der Haldestraße zum Wald. Dort weisen uns die Wanderzeichen nach rechts.
Ein Pfad bringt uns durch den Wald zu einem breiteren Weg. Wir halten uns rechts und zweigen kurz darauf links auf einen Pfad ab. Immer ansteigend

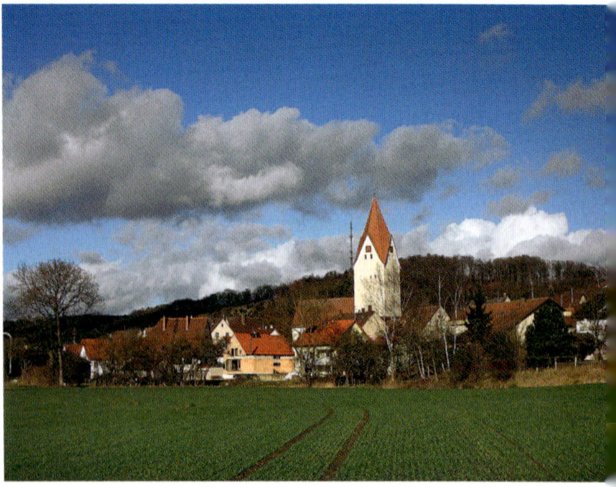

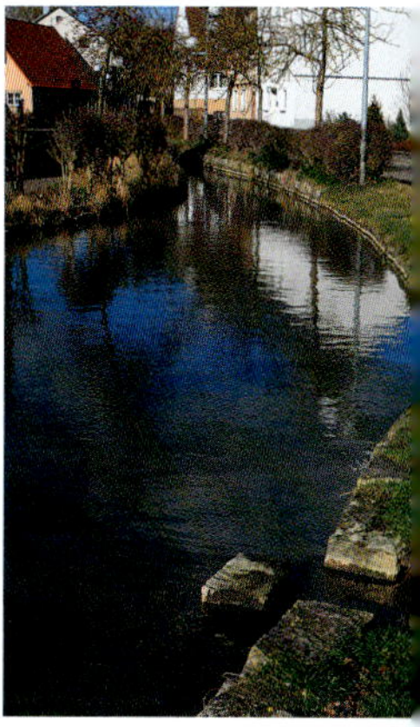

Die Lone fließt auch durch Lonsee.

Linke Seite: Blick auf Lonsee

verlassen wir bald den Wald und durchqueren eine Wacholderheide. Einem breiten Wiesenweg folgen wir zwischen den links liegenden Feldern und der Hecke nach rechts. Er zieht bald nach links und verläuft parallel zum Trauf zur B10. Hier halten wir uns links und wandern entlang der Bundesstraße. Der Weg zieht nach einer Weile als Schotterweg nach links, gleich darauf an der Linkskurve bringt uns ein Naturweg nach rechts in das Naturschutzgebiet Lonsee und Amstetten. Nach einem Acker halten wir uns rechts zur Bundesstraße. Vor ihr orientieren wir uns links, unterqueren sie und gehen nach links nach Luizhausen. An der Halzhauser Straße halten wir uns links, kurz vor der B10 rechts.
An der nächsten Kreuzung biegen wir links ab (Holderring), unterqueren die B10 und gehen geradeaus weiter. Vor den Elektroleitungen halten wir uns rechts zur Westerstetter Straße. Ihr folgen wir nach links und biegen nach einem Trockental am Waldrand links ab. Vor einem Gehöft knickt das Sträßchen rechts ab. Nach den Scheunen sehen wir eine Wacholderheide, am Knick einen Grill- und Rastplatz. Hier knickt die Straße links ab und bringt uns nach Halzhausen. Wir halten uns an der Bachstraße am Spielplatz rechts, überqueren die Lone und biegen gleich nach ihr links ab. Parallel zum Bach kommen wir zum Lonesee. Nach ihm gelangen wir links zum Bach. Vor ihm biegen wir rechts ab. Nun wandern wir neben dem Bach nach Lonsee. Wo es nicht mehr weitergeht, steht rechts das Rathaus. Nun wandern wir auf bekanntem Weg zurück.

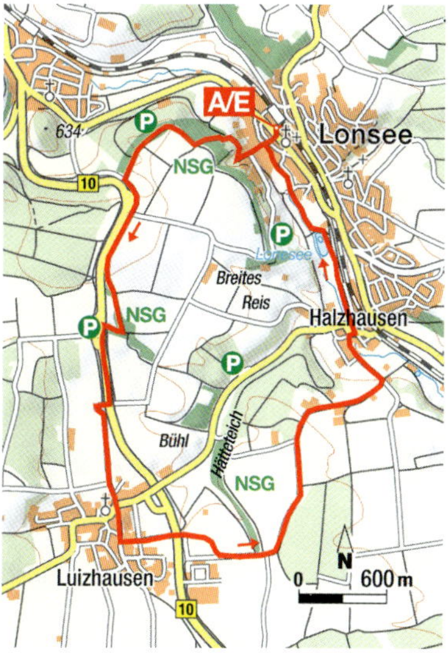

50 Vogelherdhöhle – Hohlenstein – Bocksteinhöhle

Urzeitfeeling: drei Höhlen auf einen Streich

Schwer 12,8 km | 120 Hm | 3.20 Std.

Tourencharakter: Die Tour verläuft auf Pfaden und Forstwegen, kurze Stücke entlang von Sträßchen.

Ausgangs-/Endpunkt: Niederstotzingen, Parkplatz an der Bissinger Straße/Hauptstraße nördlich von Stetten ob Lontal, nördlich unterhalb der Vogelherdhöhle (475 m)

Höchster Punkt: Nach der Bocksteinhöhle (540 m)

Anfahrt: Auto: A7 bis Niederstotzingen, dann über Bissingen in Richtung Stetten ob Lontal. GPS 48.559864, 10.193458. Ausweichparkplätze in Stetten ob Lontal (gebührenpflichtiger Parkplatz Archäopark Vogelherd) an der Bissinger Straße. Einen Teil der Parkgebühren bekommt man beim Eintritt oder in der Cafeteria vergütet. Kostenlos ist der Wanderparkplatz Bissingen. Bus & Bahn: Bahn bis Niederstotzingen oder Langenau, weiter mit dem Bus.

Einkehr: Lindenau

Karte: Freizeitkarte F 525 Ulm, 1:50000 (LGL)

Informationen: www.niederstotzingen.de, www.archaeopark-vogelherd.de

Diese Wanderung führt uns zurück in graue Urzeiten, als der Mensch noch in Höhlen wohnte. In ihnen fand man uralte Kunstschätze und weitere Hinterlassenschaften. Zwischen den Höhlen wandern wir durch das Lonetal, sodass man immer wieder Abstand zum Gesehenen gewinnen kann.

Wir beginnen die Tour auf dem Weg, der im Lonetal am Waldrand entlang auf der Südseite des Tales verläuft, und kommen bald zum Hohlenstein/zur Bärenhöhle. Danach folgen wir weiter dem Weg durch das Lonetal, nun auf der Nordseite. An der Landstraße biegen wir links ab und wandern, bis wir kurz darauf links im Wald eine mächtige Höhle, darüber eine kleine Holzhütte, sehen. Wir gehen über die

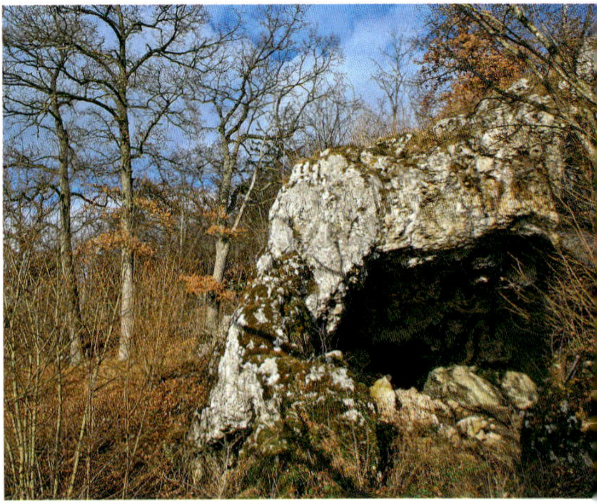

Wiese an den Waldrand, dann hinauf zur Bocksteinhöhle. Danach folgen wir weiter dem Sträßchen, nun bergauf. Nach dem Waldende rechts führt nach links ein Weg in den Wald. Er bringt uns zu dem mit der roten Gabel markierten Weg, der von links vom Hohlenstein kommt. Wir halten uns rechts und wandern hinauf nach Lindenau. Hinter dem Gasthaus biegen wir mit dem roten Dreieck links ab auf ein asphaltiertes Sträßchen. Wo es nach rechts zieht, orientieren wir uns mit dem Wanderzeichen links, am Waldrand rechts. Kurz danach biegen wir links ab, etwas später geht es am Waldrand entlang, bis wir nach rechts nach Stetten verwiesen werden. An der Durchgangsstraße biegen wir links ab und wandern bis zum Ortsrand; hier halten wir uns rechts. Kurz danach folgen wir dem Fußgänger- und Radweg nach links und wandern, vorbei am Archäopark, zurück zum Ausgangspunkt. Wer sich dafür interessiert, für den lohnt sich nun ein Besuch im Archäopark, wo man viel über die Vogelherdhöhle und die Vorzeit erfährt.

Linke Seite: Hoch über dem Tal liegt die Bocksteinhöhle.

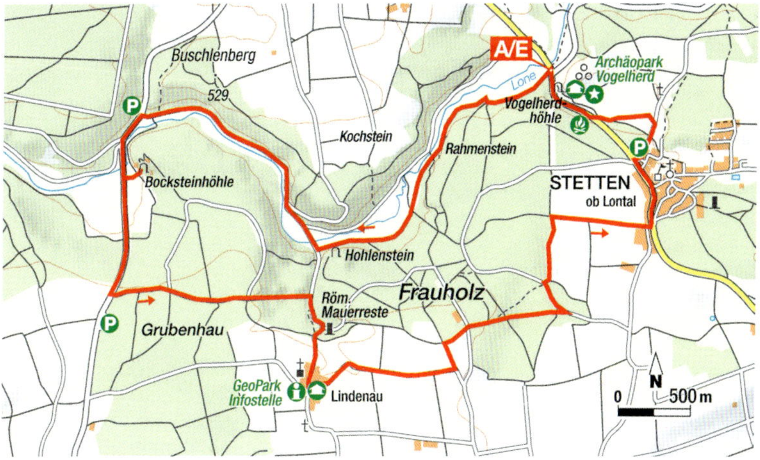

Register

Impressum

Verantwortlich: Miriam Gieler
Lektorat, Redaktion, Satz: mcp concept GmbH, Kolbermoor
Layout: Eva-Maria Klaffenböck
Repro: LUDWIG:media
Kartografie: Bruckmann Verlag GmbH, Heidi Schmalfuß
Herstellung: Bettina Schippel/Alexander Knoll
Printed in Slovenia by Florjancic

★★★★★

Sind Sie mit diesem Titel zufrieden? Dann würden wir uns über Ihre Weiterempfehlung freuen. Erzählen Sie es im Freundeskreis, berichten Sie Ihrem Buchhändler, oder bewerten Sie bei Onlinekauf. Und wenn Sie Kritik, Korrekturen, Aktualisierungen haben, freuen wir uns über Ihre Nachricht an J. Berg Verlag, Postfach 40 02 09, D-80702 München oder per E-Mail an lektorat@verlagshaus.de.

Unser komplettes Programm finden Sie unter www.j-berg-verlag.de

Empfehlung der Redaktion
Sie sind auf der Suche nach weiterführender Literatur? Dann empfehlen wir Ihnen *Familienwanderungen auf der westlichen Schwäbischen Alb* von Dieter und Melanie Buck. Oder Sie werfen einen Blick in die Zeitschrift *Schöner Südwesten*

Bildnachweis: Alle Bilder im Innenteil und auf dem Umschlag stammen vom Autor mit folgenden Ausnahmen: S. 132 und 133: © Landratsamt Heidenheim_Guido Serino.
Umschlagvorderseite: Die Große Lauter in Gundelfingen
Umschlagrückseite: Vom Zeller Horn hat man den besten Blick auf die Burg Hohenzollern

Die Deutsche Nationalbibliothek verzeichnet diese Publikation in der Deutschen Nationalbibliografie; detaillierte bibliografische Daten sind im Internet über http://dnb.d-nb.de abrufbar.

ISBN 978-3-86246-756-3